Couverture :

Blanche Cabanel / Gabriel Malaprade

Décembre 2023

Laure Malaprade

LES BILLES BLEUES

1

Article posté sur mon blog le 8 février 2012

Ma tornade

Bonjour,

Je voudrais vous parler de mon petit bonhomme intense de 18 mois, et de mon sentiment de frustration, d'épuisement. Je sais, vous allez vous dire : encore une maman qui se met trop de pression, c'est normal qu'il soit touche-à-tout à son âge, vous n'avez pas une copine qui peut vous le garder quelques heures de temps en temps pendant que vous vous occupez de vous ? Non, comprenez-moi bien, nous ne sommes pas dans ce registre. Je ne me mets pas de pression, mon environnement ne m'en met pas non plus.

Loulou est mon quatrième enfant, les trois premiers ont fait leur lot de bêtises, je suis rôdée. Non, on ne parle décidément pas de la même chose.

Mais laissez-moi plutôt vous raconter ma journée d'hier. Elle est tout-à-fait représentative de nos journées habituelles.

7h30, lever. Je prépare le petit déjeuner pour sa sœur de 5 ans : elle le prend debout à table pendant que Loulou tète quelques gouttes de lait, trop intéressé par sa sœur pour vraiment apprécier. Sa sœur est debout parce que les chaises sont trop attirantes pour Loulou. Et comme j'ai pris l'habitude de les empiler elle a attaqué son petit déjeuner sans prendre la peine de s'installer. Je me lève, verse quelques céréales dans un bol en plastique pour Loulou. Pendant les quelques secondes où j'étais occupée, il a tiré violemment la toile cirée de la table et le bol de céréales de sa sœur est par terre : céréales, lait et verre brisé. Je laisse tout en plan pour aller en vitesse déposer ma grande au car scolaire, et notre tête-à-tête quotidien peut commencer.

A peine arrivée, je le change et l'habille, c'est une bagarre dont il ressort vainqueur. Je suis couverte de bleus, ses coups de pieds sont violents. J'ai ramassé quatre fois par terre le vêtement que je lui ai mis, il me l'arrache à chaque fois pour le balancer au sol.

On redescend.

Ça fait une heure et demie que je suis debout et j'ai vraiment besoin de mon petit déjeuner. Je le prépare, pendant que Loulou termine ses céréales abandonnées du matin.

Mon luxe : je prends une chaise. Je m'installe. J'ai oublié un truc dans le frigo, je me relève pour aller le chercher. Huit secondes. Loulou est monté sur ma chaise et a renversé mon bol.

Dans la matinée j'ai hurlé soixante-dix fois « Non » parce qu'il ouvre des placards réputés inaccessibles, le lave-vaisselle principalement (notre maison est faite de telle façon que je ne peux pas condamner l'accès à la cuisine). Et il sait qu'il fait quelque chose de défendu, parce que dès que je le surprends, il part en courant avec son butin du moment. Et si c'est un couteau du lave-vaisselle, c'est tant pis. Je me suis fâchée quand il a tapé de toutes ses forces avec un jouet sur notre téléviseur. J'ai encore dû balayer du verre brisé quand il a tiré la table basse du salon pour s'en servir de marchepied, prendre appui sur le rebord de la fenêtre (dont j'ai démonté la poignée depuis que je l'ai trouvé en chaussettes au milieu du jardin par moins dix degrés) et attrapé un pot de yaourt en verre décoré, création de sa sœur en maternelle, posé sur une étagère qui est quand même à 1,60 m du sol, et qu'il l'a jeté par terre.

Du coup j'ai mis presque quatre fois plus de temps que prévu, interrompue par ses bêtises, pour préparer ma commande en ligne au supermarché. Debout dans la cuisine, avec l'ordinateur portable. Debout, parce qu'assise ce n'est même pas pensable. Et du coup il m'a mordue trente fois, parce que c'est sa façon à lui d'attirer mon attention. A chaque fois, la douleur m'arrache un cri. De colère, j'ai envie de lui rendre la pareille. Je me retiens. Mais je hurle, je lui gueule dessus comme une hystérique. Il est mort de rire. Quelques bleus de plus à ajouter à ceux du matin. Parce qu'aller faire mes courses avec lui est impossible. Même dans le caddie (dedans, pas dans le siège) il escalade et se sauve. Je ne peux rien y mettre parce qu'il jette les courses au sol. Je suis limitée en quantité à ce qui rentre dans un sac que j'accroche au petit crochet à l'extérieur du chariot. Compliqué, quand on est six à la maison.

Je le fais manger, puis je le mets à la sieste. J'ai environ 2 heures de tranquillité devant moi, si tout va bien, pendant lesquelles je dois faire tout ce que je ne peux pas faire en sa présence. Vider le lave-vaisselle, mettre une machine de linge en route (il appuie sur tous les boutons et dérègle les programmes, ou l'éteint carrément). Faire du repassage, trier des paperasses... Enfin, s'il s'endort. Ce n'est pas toujours le cas.

Finalement, je prends le temps de m'assoir tranquillement, de manger assise à table, de me détendre en regardant une série à la télé (il appuie aussi sur le bouton marche-arrêt, pas possible de regarder un programme quand il est là), un coup de fil... Et il est l'heure de récupérer la grande au car. Je n'ai rien fait de ce qu'il aurait été pas mal de faire, mais ce n'est pas grave, pas de pression, c'est le bazar à la maison et on rangera... quand ça sera plus calme !

Retour du car, goûter. La machine a fini de tourner, je mets en route le sèche-linge. Mon petit bonhomme l'ouvre, y entre, tire le hublot vers lui, le sèche-linge se remet en route, Loulou fait un quart de tour. Hurlements. Tout ça parce que j'avais eu la prétention d'espérer quarante secondes d'intimité aux toilettes. Ben non, pas le droit.

Comme il fait très froid j'ai racheté un convecteur neuf pour la chambre des enfants la semaine dernière. Malgré ça, je trouve leur chambre glaciale (la nuit ça descend à moins 18°C dehors en ce moment). Je vérifie le convecteur : il ne fonctionne plus. Hop, rhabillage, voiture et je me précipite au magasin pour le faire échanger avant la ferme-ture. Il ne faudrait pas être sans chauffage cette nuit.

Arrivée là-bas, le monsieur branche le convecteur pour vérifier, le secoue, l'ouvre et me tend une petite cuillère noircie en m'expliquant que c'est ce qui a fait court-circuit. Merci Loulou ! Bon commerçant il m'en fournit un neuf sans que j'aie à repayer. Geste commercial, merci Monsieur...

On rentre, papa est là. On mange, on couche les enfants. Papa raconte une histoire à la grande pendant que je fais un câlin à Loulou. Extinction des feux, Papa s'éclipse, je reste allongée près de son lit sur un matelas au sol en lui tenant la main, qu'il mordra encore plusieurs fois, jusqu'à ce qu'il s'endorme. Neuf fois sur dix, je m'endors la première et mon mari vient me réveiller. Si on est en forme, on aura peut-être une heure ensemble avant d'aller nous coucher. Il faudra que je descende le rendormir plusieurs fois dans la nuit. Et on recommence une nouvelle journée…

Et sinon, il escalade son lit à barreaux, escalade toutes les barrières de sécurité, après être venu à bout de tous les mécanismes de fermeture. Il grimpe, escalade tout. Il a des jouets, aucun ne l'intéresse. Juste les bacs en plastique dans lesquels ils sont rangés. Il en vide le contenu, et les retourne pour en faire un marchepied lui permettant d'atteindre des choses auxquelles il n'a pas le droit de toucher. J'ai viré récemment tous les bacs, remplacés par des paniers à ressorts sur lesquels on ne peut pas grimper. Qu'à cela ne tienne, il démonte les tiroirs de la commode de sa sœur pour les retourner et grimper dessus. Si je lui propose un biberon d'eau il le retourne et le secoue jusqu'à ce que le sol soit inondé. Si j'ai le malheur d'oublier de fermer la porte de la salle de bains, il inondera la pièce avec le petit balai des toilettes, ou videra les bouteilles de shampoing sur le sol, au choix. Ça arrive au moins une fois par jour, parce que je suis sortie précipitamment des toilettes en entendant un bruit suspect, et qu'ayant eu besoin de balayer ou éponger en urgence, je n'ai plus pensé à revenir fermer la porte.

De temps en temps, il se pose une minute ou deux, un petit moment calme, câlin. C'est rare, c'est précieux. Il y a tellement d'intelligence et d'amour dans son regard. Je ne le supporte plus, et ne l'échangerai pour rien au monde à la fois. Bon, voilà, c'est dit. Ça fait du bien de vider son sac, je n'attends pas de solution miracle, il faut juste qu'il grandisse. Mais les journées sont longues. Très longues. Merci, merci de m'avoir lue jusqu'au bout.

2

1ère année.

Quand Louis est né, j'avais déjà trois enfants. Mes deux grands, nés d'un premier mariage, avaient dix-huit et quinze ans. Hannah en avait quatre.

Je n'étais pas inquiète, j'avais de l'expérience. Je ne me suis jamais posé la question de savoir si j'étais une bonne mère ou non, ça ne m'a jamais effleurée. J'ai toujours fait ce que mon instinct m'a dicté et ça a plutôt bien fonctionné. Mes trois grands étaient en bonne santé, bien dans leurs godasses, polis et bien élevés en société mais pénibles à la maison… Tout était normal, en somme. Et bien évidemment, mes enfants étaient et sont toujours les plus beaux et les plus intelligents de la terre, en toute objectivité, bien sûr !

Elever ce petit quatrième, ça allait être juste du bonheur, toute la famille était là pour lui. Un grand frère et deux grandes sœurs, un papa heureux et une maman qui s'arrêtait momentanément de travailler pour profiter totalement de ce petit prince, parce que c'était le dernier : j'avais déjà quarante-et-un ans à sa naissance.

J'étais soulagée de le voir enfin naître car ma grossesse avait été pénible. Pas difficile, sans problème particulier, mais je sentais bien que mon corps en supportait moins qu'avant. J'ai eu des nausées terribles jusqu'au jour de sa naissance et j'ai pris trente kilos. J'étais complètement épuisée, lessivée. Enfin j'allais pouvoir me reposer, bien décidée à profiter de chaque instant de sommeil de mon nouveau bébé pour en faire autant. Tout était prêt pour que ce soit le plus confortable possible pour tout le monde : co-dodo et allaitement, j'avais aussi ressorti l'écharpe de portage dans laquelle sa grande sœur avait passé tellement de temps, confortablement installée contre moi.

Louis est né le 2 août 2010 au matin. Comme pour les autres, j'ai eu besoin d'aide les premiers jours parce que la cicatrice de césarienne était douloureuse et m'empêchait de bouger comme je le voulais, et j'ai été heureuse de rentrer à la maison après une semaine entière passée à la maternité. Je n'avais qu'une hâte : me retrouver chez moi.

Dès les premiers jours, j'ai senti qu'il y avait quelque chose de différent... Il était extrêmement tonique, il ouvrait ses yeux tout ronds comme deux billes bleues qui attrapaient mon regard et ne me lâchaient plus : si je sortais de son champ de vision c'était un drame. Il ne restait jamais immobile, toujours à battre des bras et des jambes. Il dormait peu, pleurait beaucoup... Pas des pleurs de nourrisson, pas comme ses aînés. On l'avait surnommé « Grinceman » : il gémissait beaucoup et quand il pleurait c'étaient des grosses colères. En même temps je le sentais tellement connecté à moi, d'une manière beaucoup plus puissante que ce que j'avais vécu avec les trois aînés. Il fallait que je sois constamment dans son champ de vision, faute de quoi il poussait des cris désespérés. Il fallait non seulement qu'il me voie, mais il demandait à être dans mes bras, à téter tout le temps. C'était très fusionnel, très physique, d'autant plus qu'il ne supportait pas d'être coincé dans l'écharpe de portage, dont j'ai abandonné l'idée dès les premières semaines. Non, il fallait que je le tienne dans mes bras : autant dire que ma capacité à faire autre chose en était considérablement entravée. J'étais son « tout ». Il n'a jamais voulu de doudou ou de tétine.

Avec Louis, je l'ai découvert très vite, tout était toujours plus intense. Il demandait plus d'attention, plus de présence, il dormait peu et par courtes périodes.

Il a fait sa première nuit à deux ans et demi. Brutalement, du jour au lendemain, il est passé d'une dizaine de réveils nocturnes à des nuits complètes.

Jusque-là, je devais à chaque fois me lever, m'allonger auprès de lui, lui tenir la main jusqu'à ce qu'il se rendorme. Cela durait parfois une heure entière. Pendant deux ans et demi, je n'ai jamais eu plus de deux heures de sommeil d'affilée. J'étais un zombie. J'avais l'impression d'avoir de la bouillie tiède à la place du cerveau. Je « buggais » régulièrement, incapable d'avoir une pensée cohérente, perdant le fil. J'étais épuisée, découragée. Je m'en voulais de ne pas parvenir à satisfaire mon fils qui avait visiblement besoin de tellement plus que ce que j'étais capable de lui donner. Il était agité, impatient, colérique et c'était forcément parce que quelque chose le gênait, quelque chose que nous n'avions pas identifié. On ne peut pas être comme ça sans raison…

Lorsqu'il a eu six mois, je l'ai inscrit à la halte-garderie. J'espérais pouvoir l'y laisser une journée par semaine, j'avais vraiment besoin de souffler. Une période d'adaptation était prévue : je devais d'abord le laisser une demi-heure, puis une heure, puis deux. J'étais censée rester à proximité, afin de pouvoir revenir rapidement si ça se passait mal… Pendant deux semaines, je l'y emmenais régulièrement. Nous n'avons jamais réussi à dépasser les quarante-cinq minutes. Au terme de ces deux semaines, la directrice de la halte-garderie m'a demandé de reporter l'inscription de Louis. Elle m'a dit que certains enfants avaient besoin d'un peu plus de temps pour s'adapter, qu'ils avaient essayé, mais que visiblement Louis n'était pas prêt du tout. Il hurlait et se débattait dès la seconde où il ne me voyait plus. Puisque je ne travaillais pas et qu'il n'était donc pas absolument nécessaire qu'il soit gardé, l'expérience s'arrêtait là.

Sa frustration était palpable. Il avait envie de bouger, de découvrir tout, d'explorer son petit monde et au-delà, et j'avais l'impression que d'être coincé dans ce corps de bébé lui était insupportable. Je me suis dit que ça irait mieux quand il grandirait, quand il saurait marcher. J'ai pris mon mal en patience.

3

2ème et 3ème années.

À un an tout juste, Louis a su marcher. Ça l'a mobilisé pendant environ une semaine puis il a très vite appris à courir, sauter et grimper. Son assurance était impressionnante.

J'avais espéré ce moment qui, je l'imaginais, devait être le début d'un peu plus de calme à la maison, mais ça a été tout le contraire. Toute mon énergie était focalisée sur sa sécurité, qu'il compromettait régulièrement. C'était un escaladeur. Rien ne lui résistait. Barrières, escaliers, chaise haute, étagères, meubles... Il fallait toujours qu'il grimpe.

Lorsqu'il a eu dix-huit mois, je l'ai trouvé debout sur le toit de la cabane du jardin, à presque deux mètres du sol. Les planches, entrecroisées dans les angles, avaient suffi à assurer sa prise.

C'est à ce moment-là que j'ai écrit l'article « ma tornade ». Je tenais un blog, pas très assidûment je l'avoue. Je n'avais pas de vrai sujet général, juste des réflexions sur mon quotidien : une sorte de journal public. Je n'avais pas beaucoup de lecteurs. J'ai eu quelques commentaires sur l'article, quelques autres sur les réseaux sociaux où je racontais régulièrement les frasques de Louis.

J'avais besoin de contacts, je me sentais isolée, les journées étaient longues. J'ai entendu parler d'un lieu d'accueil parents-enfants, près de chez moi. C'était exactement ce dont j'avais besoin : je pouvais, deux matinées par semaine, rencontrer d'autres mamans (les papas étaient certes bienvenus, mais je n'en ai que rarement rencontré) qui amenaient leurs enfants de moins de trois ans. Ce n'était pas une garderie, nous restions sur place. Les enfants pouvaient profiter d'installations adaptées à leur âge, socialiser, et nous les mamans, discutions autour d'un café. J'y allais assidûment, c'était ma sortie de la semaine.

Je savais déjà Louis différent des autres enfants, mais à le voir évoluer parmi les bambins de son âge, cette différence me sautait encore plus aux yeux. Il y avait là un toboggan sur lequel Louis aimait beaucoup s'amuser. Il grimpait l'échelle en courant, s'élançait, sautait, descendait dans toutes les positions possibles et paraissait y prendre beaucoup de plaisir. Les autres enfants étaient infiniment plus prudents. Certains grimpaient précautionneusement l'échelle, puis se « dégonflaient » au moment de faire la glissade, pleurant, n'osant plus redescendre. D'autres n'utilisaient le toboggan qu'en tenant la main de leur mère. En ce qui concernait ses capacités motrices, Louis était très clairement en avance sur les autres.

D'ailleurs, il ne comprenait pas que ce qui l'amusait tant puisse être une source d'angoisse pour ses camarades de jeu : il lui arrivait de pousser un enfant qui n'avançait pas assez vite à son goût, ou tout simplement pour « l'aider ». C'était un bulldozer, il ne valait mieux pas se trouver sur son passage. Bien entendu, il n'était pas méchant, il ne voyait pas à mal. Il voulait juste s'amuser et pour lui, s'amuser rimait forcément avec sensations fortes. J'avais l'impression que les autres enfants étaient pour lui au même niveau que le mobilier de l'aire de jeu. Si quelque chose ou quelqu'un était dans son passage, il le poussait, l'écartait tout simplement.

Les enfants venaient souvent se plaindre à leurs mamans que Louis les avait poussés ou tapés. Il était brutal et inconscient de sa force, les enfants le percevaient comme méchant et agressif.

C'était un lieu anonyme et gratuit, on pouvait venir sans inscription dans les plages horaires définies. Les rencontres étaient supervisées par deux professionnelles de l'enfance dont l'une était la directrice de la crèche à laquelle était rattaché cet espace. J'ai beaucoup parlé à cette femme. Elle savait écouter. Elle avait compris que Louis n'était pas « méchant ».

Des parents ont commencé à se plaindre que leurs petits trésors avaient peur de Louis et qu'il serait mieux qu'il ne vienne plus. La directrice m'en a fait part, tout en me disant que bien évidemment, il était hors de question d'exclure Louis. Elle m'a demandé de prévenir des jours où nous viendrions, pour que les parents mécontents aient la liberté d'éviter ces jours-là. Vexée, j'ai mis un point d'honneur à ne manquer aucune séance : les mamans souriantes que j'y voyais régulièrement sont de moins en moins venues.

Il y en avait une qui avait une petite fille de l'âge de Louis. Nous avions sympathisé, nous nous étions vues deux ou trois fois en dehors du lieu d'accueil parents-enfants, chez elle ou chez moi. Je l'ai appelée un jour pour l'inviter une fois de plus, j'appréciais beaucoup ces moments et cette jeune femme m'était fort sympathique. Elle m'a répondu que non, elle ne viendrait pas, qu'elle avait décidé que nous ne nous reverrions pas, en tout cas pas en la présence de Louis. Elle m'a dit qu'elle m'appréciait mais qu'elle pensait que mon fils était dangereux et de mauvaise influence sur sa fille. Elle a disserté sur son rôle de mère qui consistait à protéger son enfant, et que cette protection, pour l'heure, incluait de ne la laisser en aucun cas en contact avec mon affreux jojo.

Je crois que j'ai rarement été aussi blessée dans mon amour propre. Si elle m'avait giflé j'aurais eu moins mal. Louis, un danger, un méchant ? Mais c'était juste un bébé ! Il n'avait pas encore deux ans…

Pour la première fois, certaines personnes m'ont dit : « ton fils est hyperactif ». Hyperactif ? J'avais une fois rencontré un petit garçon dont le père m'avait dit qu'il était hyperactif, et il ne me semblait pas reconnaître Louis dans cette description. L'enfant que j'avais vu avait le regard fuyant, ses mouvements étaient saccadés, il s'exprimait difficilement et il avait un retard intellectuel évident. Au premier regard il était clair que ce petit bonhomme souffrait d'un handicap, et si c'était ça, être hyperactif, je pouvais d'emblée l'exclure en ce qui concernait mon fils. J'ai compris bien plus tard que cet enfant était certainement hyperactif, mais pas seulement, et que ce que j'en avais vu et associé à l'hyperactivité était en fait lié à d'autres troubles. Cette certitude que

j'ai acquise à ce moment-là a très probablement retardé les diagnostics de
Louis, puisque je m'étais fait une idée
complètement fausse de ce qu'était le
TDAH et que par conséquent je rejetais
totalement l'idée que Louis puisse en
être atteint.

Je me suis tout de même documentée.
J'ai fait quelques recherches sur inter-
net, et j'ai rapidement réalisé que
l'hyperactivité seule n'existait pas : on
parlait de trouble de l'attention avec ou
sans hyperactivité, mais jamais
d'hyperactivité sans trouble de
l'attention. De mon point de vue, Louis
n'avait aucun problème d'attention, et
ce diagnostic était donc exclu. Je dis
bien de mon point de vue, car j'ai
compris bien plus tard que les troubles
de l'attention peuvent prendre des
formes variées, et que
l'hyperfocalisation momentanée (regarder un film du début à la fin sans
décrocher) n'était pas incompatible
avec une attention dégradée.

Non, c'était impossible, ça ne collait pas du tout. Louis n'était pas hyperactif. Pas TDAH (Trouble De l'Attention avec Hyperactivité). Ou alors seulement H peut-être… A partir de cette époque, à chaque fois qu'on me disait que mon fils était hyperactif, et Dieu sait si cela est arrivé souvent, je répondais que Louis était hyperactif au sens étymologique du terme, mais pas en tant que diagnostic médical. Et j'étais sûre de moi.

Toutefois, exclure un éventuel diagnostic n'a pas influé sur notre quotidien. J'étais épuisée, sur les nerfs. Louis nous menait la vie dure. Ses grands frères et sœurs passaient leurs journées à l'école et mon mari travaillait loin de chez nous : j'étais la plupart du temps seule avec lui et je commençais vraiment à souffrir de cette responsabilité qui me « vidait » littéralement.

A peu près à cette époque, nous avons découvert que sa sœur Hannah, dont l'école nous avait alertés sur ses performances inhabituelles, était Haut Potentiel Intellectuel. Il s'est d'ailleurs avéré que les deux aînés l'étaient aussi, ainsi que moi-même. Comprendre que nous étions différents de la norme a été pour moi un tsunami qui remettait en cause tout ce sur quoi je m'étais construite jusqu'à ce moment.

Les chiens ne faisant pas de chats, comme on dit, je me suis dit que Louis ne faisait pas exception à la règle familiale, et que c'était probablement son intelligence hors norme qui générait tant de frustrations : un esprit de grand coincé dans un corps de bébé…

J'ai beaucoup lu sur les HPI (ou surdoués, précoces, zèbres, appelez-ça comme vous voulez), et je reconnaissais dans mes enfants tous ces signes auxquels, par ignorance du sujet, je n'avais accordé aucun intérêt. J'étais moi-même concernée par cette différence mais je m'étais toute ma vie considérée comme « normale ». Si mes enfants avaient des comportements qui évoquaient clairement le HPI, ils n'avaient été pour moi que la marque de l'hérédité, de ma propre norme. Hannah a su lire toute seule à cinq ans : c'est ce qui a alerté sa maîtresse. Je savais lire et écrire à quatre ans, et je n'avais jamais douté d'être dans la norme. J'étais peut-être juste un peu plus vive que d'autres... Louis, à deux ans, avait clairement prononcé « fofo » plusieurs fois, en arrêt devant une plaque d'immatriculation dont les lettres étaient « FFO ». J'avais évidemment entendu parler de surdoués ou d'enfants précoces, mais à aucun moment l'idée que nous puissions en faire partie ne m'avait effleurée. Je m'imaginais un surdoué comme un petit matheux à lunettes, suffisant, donneur de leçons et terriblement agaçant : rien à voir avec mes enfants ! Et pourtant...

Il était pour moi évident que Louis était le *pire* des quatre, le plus *perché*, et pendant un temps j'ai accepté cette évidence comme étant l'explication de son comportement intense.

Mais expliquer les raisons de son intensité ne changeait en rien cette intensité et surtout, ne me la rendait pas plus gérable. J'en suis arrivée à un point où il me semblait évident que nous ne parviendrions pas à avancer sans aide extérieure : j'ai sollicité la psychologue qui nous avait révélé notre *différence* familiale. Elle connaissait bien notre contexte atypique, et me semblait la plus à même de me guider dans ma relation avec Louis. Je n'en pouvais plus, je me sentais totalement démunie, je pleurais souvent.

Elle a commencé à tester Louis, sur plusieurs séances, car son extrême jeunesse limitait son temps d'attention. Nous sommes presque arrivés au terme des tests un peu avant l'été et devions les achever à la rentrée. Malheureusement, la psychologue a brutalement cessé de pratiquer – elle est tombée gravement malade je crois – et les tests n'ont jamais été menés à terme. Elle m'a toutefois envoyé un rapport intermédiaire qui se résumait ainsi : certains tests n'ayant pas été terminés, il lui était impossible de poser un score précis, mais qu'en l'état desdits tests, de ses observations et de son expérience, il lui paraissait évident que Louis faisait sans conteste bien partie de notre drôle de famille. En d'autres termes, Louis était Haut Potentiel Intellectuel, tout comme ses frères et sœurs.

Je me souviens de lui avoir demandé, lors d'une des séances, s'il lui paraissait possible qu'il puisse être hyperactif, puisque j'entendais de plus en plus souvent ce mot dès qu'il était question de Louis. Elle m'a assuré que non. Elle a pris pour preuve de cette impossibilité le calme et l'apparente concentration de Louis pendant les séances. Avec le recul, je réalise qu'il était intéressé par les jeux qu'elle lui présentait, occupé à découvrir de nouveaux jouets et que cela faisait et fait toujours partie de son fonctionnement : hyperfocalisation possible lorsqu'il est très intéressé par quelque chose.

Louis était donc HPI, j'en étais certaine, bien que sans diagnostic ni score officiel. Cela confirmait mon intime conviction, certes, mais ne changeait rien à l'affaire. Pour la première fois, je me suis dit que j'étais arrivée au maximum de ce que j'étais capable de supporter. Il nous fallait de l'aide, d'urgence.

Le maximum de ce que je peux supporter, je l'ai atteint de nombreuses fois par la suite. J'ai appris que ce maximum est élastique, et que quand on n'a pas le choix, on le dépasse, on le gère, et on repousse la limite encore et encore.

Quand Louis a eu deux ans et demi, je n'en pouvais vraiment plus. J'avais besoin de me sentir utile à autre chose qu'à tenter de contenir mon petit monstre. J'ai enfin réussi à le mettre un peu en halte garderie, deux demi-journées par semaine, et j'ai repris un travail : rédactrice-traductrice. Je pouvais travailler depuis chez moi, ce qui me donnait pas mal de souplesse dans la gestion de mon temps.

La halte-garderie qui avait refusé l'inscription de Louis quelques temps plus tôt pouvait l'accueillir maintenant qu'il avait un peu grandi, mais il était clair qu'il aurait été difficile, voire impossible pour moi de travailler à plein temps. Régulièrement on me rapportait ses comportements qui dérangeaient. Louis pouvait se montrer colérique, agressif, mordeur. Les autres enfants se tenaient à distance, n'aimaient pas jouer avec lui. Ils en avaient peur.

J'espérais toujours de l'aide, sans en chercher vraiment. Je lançais des perches, espérant que quelqu'un la saisirait. Je ne savais pas à qui m'adresser. Mon enfant n'était pas malade, pas handicapé... J'espérais secrètement que quelqu'un viendrait frapper à ma porte et me dirait quelque chose comme « mon fils était exactement comme le vôtre, maintenant c'est un grand garçon adorable, voilà comment on a fait ».

Un jour, Louis a eu des vaccins à faire, et j'ai pris rendez-vous à la PMI. J'aurais bien entendu pu les faire faire par notre médecin de famille, mais l'idée de rencontrer de nouvelles personnes, d'obtenir un regard neuf de *professionnels de l'enfance* me paraissait intéressante.

Je me souviens du cabinet de consultation. La médecin de PMI était assistée par une puéricultrice. Louis courait partout, touchait à tout, criait, se débattait, ne voulait pas rester tranquille. Le docteur avait l'air un peu affolée, bien plus que je ne l'étais d'ailleurs, pour moi Louis était juste comme d'habitude. Je crois qu'à force, j'avais oublié comment était censé se comporter un enfant « normal ».

Elle m'a posé plein de questions sur Louis, son comportement, notant consciencieusement mes réponses dans un dossier. J'ai répondu honnêtement que c'était très difficile, que j'étais épuisée. Encore une perche tendue sans demande particulière. Elle m'a parlé de l'école maternelle qui allait commencer bientôt et qui risquait de poser problème si le comportement de Louis n'était pas canalisé. Je n'y avais pas encore vraiment réfléchi mais je pensais plutôt que ça allait le calmer, curieux et intelligent comme il l'était : il allait s'intéresser à plein de nouvelles choses et cela monopoliserait son attention. J'étais plutôt confiante.

Le docteur m'a fait peur. Elle m'a parlé de demande d'AESH, de trouble du comportement, de visite à domicile, d'éducateur... Elle avait l'air réellement alarmée par notre situation. Pourtant je m'étais limitée à décrire les traits les plus marquants du caractère de Louis, la réalité étant bien plus complexe mais impossible à résumer en quinze minutes de consultation.

J'avais vaguement entendu parler du métier d'AESH, qui était dans mon esprit réservé aux élèves handicapés… donc pas pour Louis. Je me suis sentie jugée, jaugée. Mauvaise mère qui ne sait pas élever son enfant. J'espérais de l'aide, qu'elle a probablement tenté de m'apporter, c'est son métier après tout, mais son attitude était tellement frontale et alarmiste que j'ai quitté la PMI en colère, mon gamin hurlant sous le bras, et que je n'y ai plus jamais remis les pieds.

La suite, ou plutôt l'absence de suite, m'a confortée dans mon sentiment qu'elle avait juste voulu me faire peur. Si la *protection de l'enfance* avait vraiment décelé un problème, une carence, un défaut de diagnostic ou de soins, j'aurais rapidement eu de leurs nouvelles. Mais rien, silence radio. Tant mieux me direz-vous, mais d'un autre point de vue c'était encore une nouvelle porte qui se fermait sur une source d'aide potentielle. Il allait falloir prendre mon mal en patience, supporter encore pour un temps indéterminé ce quotidien épuisant et ce sentiment que quelque chose n'allait pas sans pouvoir mettre le doigt dessus.

Si j'avais su à l'époque que ce temps indéterminé se compterait en années et que la situation déjà si difficile allait se dégrader encore, je crois que je me serais effondrée sur le champ.

4

L'école.

Louis a fêté ses trois ans au mois
d'août. Il allait commencer l'école et
j'allais retrouver un travail. J'avais
hâte, vraiment, de cette nouvelle orga-
nisation que j'imaginais comme une
sorte de délivrance. L'école, les nouveaux apprentissages, les copains, la
socialisation, tout cela allait forcément
faire du bien à Louis, l'apaiser.

Il n'était pas encore tout à fait propre
mais je n'étais pas inquiète, ses
grandes sœurs et son frère avaient ac-
quis la propreté plutôt tard, vers trois
ans, juste sur le fil pour l'entrée en maternelle. Et si jamais pour la rentrée ce
n'était pas encore parfaitement au
point, cela ne tarderait certainement
pas : le nouvel environnement,

l'imitation des camarades déjà propres…

Le jour de la rentrée est arrivé. Les *pipis* étaient gérés, pour le reste ce n'était pas encore ça, mais ça allait s'arranger. Je l'ai mis à l'école, sans couche, il n'y a pas eu d'accident. Lorsqu'il est rentré à la maison je lui ai vite remise et il y a fait ce qu'il avait besoin d'y faire : Louis refusait de s'asseoir sur les toilettes.

Je n'avais qu'une envie : que son entrée à l'école se passe bien. Je voulais mettre toutes les chances de son côté. J'avais à nouveau cherché de l'aide et pris rendez-vous avec la psychologue du CMP, quelques mois avant la rentrée. Il avait deux ans et demi. La psychologue était une femme très douce, à la voix traînante. Trop douce, en fait : agaçante, j'avais envie de la secouer. A la fin de la séance, après avoir écouté tout ce que j'avais à dire sur Louis, elle lui a dit, sur un ton effroyablement *gnangnan* : « il faut écouter ta maman, il faut être un petit garçon sage ».

Sérieusement, dire cela, je savais faire, je l'avais déjà fait. Je me suis sentie presque insultée, dénigrée dans ma souffrance quotidienne. S'il suffisait de dire à Louis qu'il fallait être sage pour que cela fonctionne, je l'aurais découvert plus tôt, non ? En disant cela, elle me montrait qu'elle n'avait rien compris. En venant la consulter je ne cherchais pas une psychothérapie, je cherchais un professionnel qui serait capable de me dire ce qui clochait avec Louis, poser un diagnostic, établir un vrai plan d'attaque.

Il y avait forcément quelque chose, je le savais, et le haut potentiel n'expliquait pas tout. Les trois aînés étaient tous testés haut potentiel ; ils étaient certes *particuliers*, mais aucun d'eux n'avait présenté de telles difficultés de comportement.

Revenons à l'école.

Très vite, il s'est avéré que Louis était doué, comprenait vite et facilement. Ses résultats étaient bons, très bons même, il n'a eu aucun mal à entrer dans les apprentissages. Par contre, il refusait de rester assis sur le banc avec ses camarades. Il travaillait mais était constamment en mouvement, ce qui gênait passablement l'enseignante et ses camarades. Au moment de la sieste il refusait de dormir et son agitation posait problème car il empêchait ses camarades de se reposer. Il est vrai que sa dernière sieste datait d'avant ses deux ans. Louis a toujours été et est encore aujourd'hui un très petit dormeur.

En moyenne section, son enseignante se plaignait souvent de son comportement. Elle avait eu sa grande sœur quelques années auparavant, celle-là même que sa collègue, un an plus tard, avait soupçonnée d'être haut potentiel. Elle-même n'avait rien remarqué. Et pourtant il s'était avéré que notre Hannah avait réellement besoin d'aménagements scolaires : suite à la confirmation de son haut potentiel, elle avait sauté deux classes. Mais c'était une petite fille sage et obéissante, qui ne se faisait pas remarquer.

Je me souviens avoir dit à cette enseignante qu'il était possible que l'agitation de Louis soit due à de l'ennui, qu'il était probable qu'il soit comme sa sœur... Je ne sais plus exactement comment j'ai tourné ça mais j'avais fait très attention aux mots choisis, je ne voulais surtout pas passer pour une enquiquineuse qui mettait le mauvais comportement de son enfant sur le dos du haut potentiel, car j'ai appris malheureusement que souvent, l'évocation du HPI par les parents est mal reçue par les enseignants : « tous surdoués, tous mal élevés ! ». J'ai précisé que ce n'était pas un auto-diagnostic, que c'était juste une piste que je proposais, que je savais que Louis était difficile et que je comprenais son agacement... Qu'il y avait un terrain familial... Encore une fois j'avais besoin d'aide et je « tentais une approche ».

Elle a tranché brutalement, sans appel : « Non, certainement pas, il n'est pas surdoué, il n'est pas meilleur que les autres. Il est juste désobéissant et pénible. Et puis un seul surdoué par famille ça suffit, hein. Il va falloir qu'il s'adapte ! Qu'est-ce que vous voulez, lui faire sauter une classe, comme sa sœur ? D'ailleurs, votre fille, soit dit en passant, moi je n'avais rien remarqué, hein... Mais bon, si les tests le disent on va dire que c'est le cas... Mais il n'est même pas propre, Louis, qu'est-ce que vous voulez que j'en fasse ? »

Non, je ne voulais pas lui faire sauter de classe. Non je n'étais pas en train d'essayer de trouver une excuse à son comportement. Je cherchais de l'aide, des pistes, des idées... Une fois de plus je me suis sentie agressée.

5

La propreté, puisqu'on en parle.

A cinq ans, ce n'était toujours pas réglé. Louis refusait toujours de faire ses besoins aux toilettes. Il avait régulièrement des accidents à l'école. Dès que je le ramenais à la maison en fin d'après-midi, je lui mettais une couche qu'il remplissait immédiatement. Parfois, je n'avais même pas le temps de mettre la couche et c'était l'accident.

L'été de ses cinq ans, excédée par les nettoyages quotidiens, j'ai décidé de supprimer la couche. Je me disais que c'était le bon moment, que le beau temps et les vêtements légers me faciliteraient la tâche en cas d'accidents. Tant pis, j'étais prête à faire à la main quelques lessives malodorantes si ça pouvait provoquer un déclic chez Louis.

Il y a eu un mieux. Léger, temporaire. Mais chassez le naturel, il revient au galop : Louis n'allait pas aux toilettes. Nous lui avons encore laissé quelques mois, nous espérions qu'il comprendrait enfin que les toilettes n'étaient pas réservées aux pipis... Et finalement nous avons consulté un gastro-pédiatre, qui a posé un diagnostic d'encoprésie. Il a eu un traitement, parce qu'à force de se retenir il était très constipé, d'une part, et d'autre part il avait perdu les sensations qui nous indiquent habituellement qu'il est nécessaire d'évacuer. Les accidents étaient moins fréquents, c'est un fait, mais il refusait toujours d'aller aux toilettes. Au terme du traitement, la gastro-pédiatre nous a informés que d'un point de vue *mécanique* il était guéri, et que si son encoprésie persistait il faudrait envisager une cause psychologique. A ce moment précis, elle ne pouvait plus rien pour nous.

Il y a eu des hauts et des bas. Les moments les pires consistaient en un nettoyage quotidien de six ou sept sous-vêtements. Nous étions alertés de l'accident pas l'odeur, Louis lui-même n'en avait pas conscience.

A l'heure où j'écris Louis a douze ans et nous sommes dans une de ces périodes pénibles. J'ai beaucoup lu sur l'encoprésie, je suis incollable, nous avons l'impression d'avoir tout essayé, mais malheureusement Louis refuse toujours de s'asseoir sur les toilettes. J'espère simplement que c'est lié à son *autre problème*, et que la lumière que nous entrevoyons aujourd'hui pourra éclairer et résoudre cet élément désagréable de notre quotidien.

Nous bataillons depuis qu'il a l'âge de la propreté. Nous avons imploré, nous avons été patients, nous avons menacé, nous avons promis des récompenses, nous nous sommes fâchés sévèrement, tout cela sans aucun résultat.

J'ai compris aujourd'hui, au fil de mes lectures sur le sujet, qu'un enfant encoprésique ne ressent pas l'envie, ne ressent pas l'émission des selles, n'a pas conscience d'avoir le slip sale et ne sent pas l'odeur. Il n'a pas de problème d'odorat mais il finit par être tellement habitué à cette odeur qu'il ne la remarque plus, un peu comme on finit par ne plus sentir un parfum que l'on porte tous les jours depuis longtemps. Sauf que là, côté parfum, on s'en passerait bien.

Se fâcher ne sert donc absolument à rien, puisqu'on lui demanderait de contrôler un fonctionnement réflexe, dont il n'a pas conscience. Il paraît que ça finit par se calmer avec le temps, souvent vers l'adolescence. On va continuer à attendre…

6

Louis a un peu grandi et est arrivé en élémentaire. Fidèle à lui-même : un vrai bon fond de gentil, qui veut à tout prix se faire des amis et bien faire à l'école, mais qui s'y prend, pardonnez-moi l'expression, comme un manche.

Il travaille bien, comprend vite, retient ce qu'on lui demande de retenir sans efforts. Il perturbe la classe, s'agite, gêne les autres. Ses enseignants se plaignent. Régulièrement, on me rapporte qu'en classe, c'est « compliqué ».

Au-delà de son agitation, Louis a beaucoup de mal à gérer ses émotions et en particulier la frustration. Il pique parfois des colères destructrices : il hurle, pleure, se roule par terre, donne des coups de pieds ou de poings dans tout ce qui passe à sa portée, dit des gros mots… Ses camarades le craignent et à la maison nous ne comptons plus les objets cassés.

Louis n'est pas ce qu'on appellerait un enfant bagarreur, il ne cherche pas le conflit, bien au contraire. Mais lorsqu'un conflit s'impose à lui il perd toute maîtrise de lui-même, ses réactions, ses réponses à ce qu'il considère comme une agression sont disproportionnées.

Louis est hypersensible, plus qu'hypersensible. Il est susceptible au-delà de l'entendement, et réagit au quart de tour à la moindre sollicitation. Cela, quelques camarades l'ont bien compris et cela devient un jeu : ils s'amusent à l'agacer jusqu'à ce qu'il explose, ce qui ne prend généralement que très peu de temps. C'est un spectacle, un évènement que l'enseignant doit gérer en priorité, une pause dans le travail de classe.

Je consulte une troisième psychologue. Ce n'est plus seulement moi qui ai besoin d'aide pour gérer Louis, c'est vraiment lui qui a besoin de comprendre ce qui lui arrive, pourquoi ça se passe si mal avec les autres. Sa confiance en lui commence clairement à se dégrader. Dans son cabinet, Louis refuse tout dialogue. Il se cache sous la table, comme s'il n'était pas concerné par ce qui se disait dans la pièce. Une fois de plus il me laisse seul avec ma complainte de maman à bout.

Comme les autres fois, ma demande d'aide ne sera pas entendue. Comme les autres fois, je serai culpabilisée. « Je pense que votre fils va très bien, Madame. Par contre, je crois que vous devriez revenir me voir, vous, seule. Je pense que c'est vous qui n'allez pas bien. »

Mais oui ! Evidemment que je ne vais pas bien ! J'ai besoin d'aide, je n'en trouve pas, je vois bien qu'il y a quelque chose de différent chez Louis mais personne ne me croit… Et vous pensez que m'allonger sur un divan va régler mon problème ? Vous devinez bien qu'elle ne m'a jamais revue…

J'en contacte un autre, un qui pourrait réaliser un test de QI. Je suis persuadée que Louis est HPI, comme son frère et ses sœurs, et que si j'obtiens une preuve écrite de son haut potentiel, je pourrai obtenir de l'aide. Pour sa grande sœur, le test de QI avait été une sorte de sésame : dès qu'il avait été officiel qu'elle était haut-potentiel, des aménagements à l'école avaient été proposés et acceptés sans difficultés.

Le jour du rendez-vous, Louis se désintéresse complètement des questions du psychologue. Ses réponses ne sont pas utilisables. Je me souviens d'une des questions qui lui avaient été posées : « Si je te dis rouge et bleu, qu'est-ce que c'est ? » La réponse attendue était qu'il s'agissait de couleurs. La réponse de Louis a été la suivante : « Rouge ? Bleu ? J'aime bien le bleu. Mes yeux sont bleus. Les yeux de maman sont bleus. Tiens, je vais faire un dessin et je vais le colorier en bleu. »

Beaucoup de ses réponses ont ressemblé à celle-là. Il réagissait, mais pas du tout dans le sens attendu. Je trouvais ses réponses plutôt intelligentes, créatives et pleine d'humour. Je me suis dit que le psy saurait faire la part des choses (c'est son métier après tout). A l'issue du rendez-vous, il m'avait d'ailleurs dit lui-même que Louis avait visiblement un fonctionnement différent de la norme, qu'il avait beaucoup de vocabulaire, une culture générale plus avancée que ce qu'on pouvait attendre à son âge, et certaines réflexions dont la pertinence était parfois étonnante.

Le rendez-vous suivant, nous avons reçu les résultats du test. Louis obtenait un score « dans la norme », pas HPI, donc. Avec ce commentaire : « le résultat ne reflète probablement pas la réalité car Louis n'a pas adhéré à la passation. Il y a des questions dont je sais qu'il connaissait la réponse, mais comme il n'y a pas répondu de la façon attendue je n'ai pas pu lui valider le point. Il faudra qu'il refasse un test quand il aura réglé ses problèmes d'attention et de comportement ».

Merci Monsieur... C'est justement pour ça qu'on est venu ! Pour ses problèmes de comportement et d'attention... Encore un qui n'a rien compris !

On cherche tout ce qui pourrait aider Louis et on se dit qu'une activité extrascolaire pourrait être bénéfique. Le karaté, tout d'abord. A peine a-t-il débuté que sa professeure s'extasie sur ses capacités physiques, sur sa maîtrise de son corps. Génial ! Peut-être a-t-on enfin trouvé l'activité qui lui permettra de reprendre confiance en lui et de s'épanouir ? Pendant une année scolaire presque complète, il y va deux fois par semaine et progresse très rapidement. En mai, alors qu'on s'apprête à partir au cours, il me dit qu'il ne veut pas y aller. J'insiste, je l'y conduis malgré son refus. Arrivé sur place il se braque, pique une de ses colères légendaires devant sa professeure médusée qui ne comprend rien. C'est fini, il n'y retournera plus. Il a bloqué de façon irréversible. Adieu le karaté.

Nous sommes tous plus ou moins musiciens à la maison et disposons de nombreux instruments que chacun peut utiliser à sa guise. Louis s'intéresse au piano, il a une très bonne oreille et s'amuse à reproduire des morceaux qu'il a entendu. Il est doué, très doué même. A huit ans, il nous a fait une version toute personnelle de *Bohemian Rhapsody* qui nous a beaucoup impressionnés.

L'année suivante, nous l'inscrivons au conservatoire. Malheureusement il est tombé sur une prof de piano extrêmement rigide. Il lui aurait fallu quelqu'un de passionné, qui le valorise et l'aide à canaliser le talent dont il disposait. Louis poussait des cris de rage lorsqu'il faisait une fausse note, incapable d'accepter sa propre imperfection. La prof l'a viré au bout de deux mois, avec ces mots : « il y a suffisamment d'élèves en liste d'attente, des élèves sages et motivés, pour que je ne m'inflige pas votre fils. Je n'en veux plus, ce n'est pas la peine qu'il revienne ».

Adieu donc, les cours de piano. Il continue toutefois à s'amuser à la maison, en dilettante, pour notre plus grand bonheur.

7

A cette époque, je reprends moi-même des études et passe le concours de professeur des écoles, à quarante-sept ans. J'ai parfois, dans les différentes classes dont j'ai la charge, certains élèves qui me font penser à Louis. Deux d'entre eux ont un diagnostic établi de TDAH.

A nouveau, je me documente sur ce trouble, en essayant d'avoir un regard neuf sur mon fils et de ne pas me laisser influencer par mes convictions préalables. Je commence à me dire qu'il est bien possible que Louis soit atteint de TDAH : plus je lis d'articles sur le sujet et plus je reconnais Louis dans les différentes manifestations ou symptômes qui y sont le plus souvent rattachés.

Je traîne sur les réseaux sociaux, je m'inscris sur des groupes traitant du TDAH, je lis des témoignages de pa-

rents et plus j'avance dans mes recherches plus je me dis que je tiens
enfin une piste solide.

J'entre en contact, par l'intermédiaire
de connaissances communes, avec une
femme qui travaille à l'Education Nationale en tant que qu'enseignante
référente pour les élèves à besoins particuliers. Elle prend le temps de
m'écouter, elle entend ma détresse.
Sans poser de diagnostic, bien sûr, elle
n'a jamais rencontré Louis, elle me
conforte dans l'idée qu'on pourrait effectivement penser à un TDAH. Elle
me rassure, me donne quelques pistes
pour gérer le comportement de Louis,
m'indique des spécialistes à consulter.
Je lui suis infiniment reconnaissante :
pour la première fois, quelqu'un nous
apportait une aide concrète.

C'était en mai 2019. Suite à ses précieux conseil, je prends contact avec un
pédopsychiatre qui me fixe un rendez-
vous pour la fin août, quelques jours
avant la rentrée de Louis en CM1.

8

Les derniers mois avant ce rendez-vous avec le pédopsychiatre ont été très durs, et tout particulièrement les vacances d'été. Nous sommes partis en famille et avions besoin de souffler coûte que coûte. Nous avons lâché la bride de Louis pendant ce dernier mois et demi. Nous n'en pouvions plus. Louis était très dur, s'opposait systématiquement, refusait toute aide et prenait toute la place. Il faisait crise de colère sur crise de colère, son encoprésie était à son comble. Nous avons cédé pour avoir la paix. Pendant ces vacances, nous l'avons laissé s'endormir à l'heure qu'il voulait, nous l'avons laissé jouer avec son téléphone autant qu'il le voulait. Il nous répondait, il nous a même insultés quelques fois. Quand je dis nous, je parle de moi-même, de son père et de ses grands-parents. Nous n'avions plus la force de nous y opposer.

J'attendais le rendez-vous avec impatience, il fallait impérativement que notre demande d'aide soit enfin entendue. L'équilibre de toute la famille était réellement en danger.

Arrive enfin le jour du rendez-vous... J'ai longtemps préparé ce premier entretien, j'ai même noté sur une feuille tout ce que je voudrais dire pour ne rien oublier. Je suis dans un état de stress extrême, avec l'impression que tout doit se jouer là, maintenant, que si on n'obtient pas de l'aide tout de suite un malheur va arriver.

Nous sommes reçus par le docteur M. : A peine assise dans son cabinet, je craque. J'attends tellement de ce rendez-vous que je m'effondre, en larmes. Louis s'est caché sous sa chaise, mutique, comme à chaque fois qu'on tente de le contraindre à faire quelque chose dont il n'a pas envie : il n'a clairement aucune envie d'être là. Encore une fois, on va me dire que c'est moi qui ai un problème, que c'est normal qu'il n'ait pas envie d'être traîné de psy en psy, qu'il faut que je revoie mes exigences à la baisse, que…

Mais non. Le docteur M. prend le temps de m'écouter. L'entretien durera plus d'une heure. Je lui raconte Louis depuis sa naissance, ses comportements différents, notre épuisement, nos errances, nos demandes d'aide non abouties. Je lui parle de mes lectures sur le TDAH. Il me répond que oui, tout ce que je dis y ressemble, mais que pour établir un diagnostic il faut en passer par un bilan neuropsychologique, qu'il y a au moins un an d'attente, que c'est long et coûteux, non remboursé par la sécurité sociale… Il me parle aussi d'un médicament qui peut considérablement aider : le méthylphénidate.

La Ritaline, c'est ça ? J'en ai entendu parler. J'ai lu des articles : des pour et des contres. Surtout contre, en fait. Ça me fait un peu peur. C'est fort, comme médicament. Ça ne s'obtient qu'avec des ordonnances spéciales, il paraît que ça fait partie de la famille des amphétamines : dans mon esprit, les amphétamines, ce sont des drogues dures. Est-ce que c'est bien de cela dont mon enfant a besoin ? Et même si j'acceptais de le faire, il nous faudrait de toutes façons attendre une confirmation du diagnostic de TDAH pour y avoir accès…

Je pleure à nouveau. On ne s'en sortira jamais. Au secours ! Il nous faut de l'aide tout de suite !

Le docteur M. m'explique que la Ritaline, bien que souvent décriée, comporte pourtant des avantages certains. Le premier est qu'elle ne génère aucune accoutumance : on peut arrêter à n'importe quel moment sans craindre d'effets secondaires. Le deuxième avantage est dans son effet : lorsque la bonne dose est définie (ce qui peut nécessiter quelques tâtonnements et ajustements), l'efficacité est réellement convaincante.

Très bien. Oui, c'est intéressant, mais nous avons besoin d'aide *maintenant*. Maintenant !

Le troisième point dont il me parle est accompagné d'une proposition. La Ritaline, me dit-il, ne fonctionne que sur le TDAH. Si une personne qui n'en est pas atteinte en prend, il ne se passera pas grand-chose. Par contre, sur un vrai TDAH, l'effet peut être immédiat et impressionnant.

– Si vous êtes d'accord, je vais prescrire à Louis de la Ritaline. Si ça fonctionne, vous le verrez tout de suite. Si au bout de trois ou quatre jours vous ne voyez pas de changement significatif dans son comportement, ce n'est pas la peine de continuer. Et si ça marche, puisque ça ne fonctionne que sur le TDAH, cela confirmera le diagnostic.

On n'aura pas besoin d'attendre le bilan neuro-psy.

J'accepte de faire cet essai. Il faut un bilan cardiaque avant de pouvoir obtenir la Ritaline. Nous ressortons avec une lettre pour un cardiologue et un nouveau rendez-vous deux semaines plus tard, auquel il nous faudra apporter le bilan.

Je sors du rendez-vous avec, pour la première fois, le sentiment d'avoir été entendue. J'ai enfin un espoir d'amélioration. Si Louis a bien un TDAH et que le traitement fonctionne, peut-être que dans quinze jours, notre vie va changer ?

9

C'était un jeudi. Pour la première fois, juste avant de partir à l'école, Louis a eu une dose de Ritaline.

J'ai pensé à lui toute la journée, j'étais tellement impatiente de savoir s'il y avait eu des effets… C'est mon mari, Yann, qui devait récupérer Louis ce soir-là, je travaillais un peu plus tard. Je me souviens l'avoir appelé à l'heure de la sortie d'école pour savoir comment la journée s'était passée : il m'a répondu quelque chose comme « oui, ça a marché. Tu verras toi-même ».

En arrivant à la maison, j'ai trouvé Louis calme, de bonne humeur, agréable. Il m'a dit « j'ai senti qu'il y avait quelque chose de différent. Je sais pas vraiment quoi, mais j'ai bien travaillé en classe, c'était plus facile que d'habitude. Et ah oui je sais. En fait, le cachet il a rendu les autres plus gentils avec moi... »

J'ai pleuré ce soir-là, de soulagement. Louis était transfiguré. C'était toujours Louis, avec son esprit espiègle et son côté clown, mais comme déparasité. C'était tout simplement spectaculaire !

J'avais donc raison depuis le début, il y avait bien « quelque chose » avec Louis. Nous n'étions pas trop exigeants ou dépassés par un enfant juste un peu plus tonique que la moyenne. Louis avait bien un TDAH, comme je le soupçonnais depuis quelques temps. Ça allait aller mieux. Tout allait enfin s'arranger…

La prise de Ritaline a clairement marqué un changement. Louis s'est apaisé, nous avons « repris contact » avec lui. A l'école, pour la première fois, je n'entendais plus régulièrement que c'était « compliqué ». A la maison c'était plus calme. Un calme relatif toutefois : bien que sous médication,

Louis restait et est encore un enfant bien plus « speed » que la moyenne. Son encoprésie n'était pas réglée, les accidents étaient quotidiens… Mais ça allait tellement mieux. Enfin on avait pu mettre un mot sur le problème, enfin on avait obtenu une aide concrète. Maintenant qu'il y avait un diagnostic médical, une raison au comportement de Louis, tout allait devenir plus facile. Il suffirait d'expliquer pour que les gens comprennent.

A ce moment-là, je le croyais sincèrement. Je pensais que de dire que mon fils avait un TDAH, ce qui est considéré comme un handicap, rendrait les gens compréhensifs et empathiques. Je n'imaginais pas que non seulement il n'en serait rien, mais qu'au contraire, certains nous le reprocheraient et par leur ignorance du « handicap invisible » s'en prendraient à Louis et à notre famille.

10

Louis était alors en CM1. Pour la première fois il avait un maître, ça se passait plutôt bien en classe. Puis il y a eu le Covid, le confinement. Nous sommes restés en famille pendant plusieurs semaines. Ça allait bien à la maison, Louis n'était pas très motivé pour l'école à distance mais ça n'avait pas grande importance. Il se sentait bien, il n'avait pas de retard à l'école, je dirais même qu'il avait de l'avance. L'éloignement de l'école ne l'a pas pénalisé.

Juste avant le début du confinement, nous avions enfin eu rendez-vous avec une neuropsychologue qui avait fait passer à Louis tout un tas de tests. La restitution du bilan a eu lieu en visioconférence.

Le résultat n'a pas été aussi tranché que je l'avais espéré. Selon ce bilan, le quotient intellectuel de Louis n'est pas calculable, parce qu'il y a trop d'hétérogénéité entre les différents items testés. Il est clairement au-dessus de la moyenne pour certains, un peu au-dessous ou dans la norme pour ceux qui impliquent une concentration soutenue, ce qui est assez classique comme résultat pour un TDAH. « Le fonctionnement de Louis est hétérogène, comporte des particularités. Il est difficile de se prononcer... » J'ai lu qu'il était très compliqué de diagnostiquer de façon précise un sujet à la fois TDAH et Haut Potentiel Intellectuel car le premier masque le second, tandis que le second compense le premier...

L'école a repris après quelques semaines. Louis allait à la garderie du matin et du soir. Le matin tout allait bien, mais le soir il était souvent surexcité, à fleur de peau, et il y a eu quelques incidents. Le personnel de la garderie connaissait bien Louis depuis plusieurs années et savaient « comment le prendre ». La meilleure chose à faire, lorsqu'il faisait une crise (de colère, de frustration) était de le laisser en paix, de ne surtout pas le solliciter et d'attendre qu'il retrouve par lui-même son calme, ce qui ne prenait généralement pas plus de quelques minutes. Ils étaient d'autant plus indulgents avec Louis que je les avais informés du diagnostic et qu'ils constataient une réelle amélioration depuis que Louis était sous Ritaline. Nous ne traînions pas pour le récupérer le soir car l'effet du médicament disparaissait assez brutalement en fin de journée et qu'à ce moment-là la moindre contrariété pouvait facilement provoquer une crise.

C'est ce qui est arrivé, un soir. La crise n'était pas plus méchante qu'une autre mais il y avait une nouvelle recrue à la garderie qui ne connaissait pas Louis et qui n'a pas su le gérer. Elle a même fait tout le contraire de ce qu'il aurait fallu faire, a envenimé la situation en lui courant après, en l'acculant pour exiger des excuses qu'il aurait facilement pu présenter quelques minutes plus tard mais pas à cet instant. Louis a paniqué, s'est enfermé dans les toilettes, ils ont ouvert avec une clé. Il s'est senti piégé, a tenté de s'enfuir. La nouvelle employée de la garderie l'a poursuivi, a glissé, s'est fait mal. Je suis arrivée peu après, j'ai trouvé Louis en pleurs, prostré. On m'a demandé de partir vite avec lui, et de trouver une solution de garde pour les quelques jours à venir, car il « valait mieux qu'il ne revienne pas tout de suite ». Ils ont informé leur hiérarchie de l'incident, et c'est là que les ennuis ont commencé.

11

J'avais déjà rencontré le responsable communal des services périscolaires, je le connaissais de nom. Ce soir-là, il m'a appelé. Il a été très agressif, menaçant Louis d'exclusion si son mauvais comportement persistait… J'ai eu beau lui expliquer qu'il s'agissait d'un trouble, que c'était la première fois que ça prenait cette ampleur, il n'a rien voulu entendre. Pour lui il était tout simplement hors de question qu'un tel comportement soit toléré dans « sa garderie », peu en importait les raisons.

Je comprends parfaitement ses arguments, j'ai également conscience que Louis n'est pas un cadeau pour ceux qui ont à s'occuper de lui. J'aurais certainement pu entendre tout ce qu'il avait à me dire s'il l'avait dit autrement. On aurait calmement cherché des solutions. Mais quand je lui ai dit qu'il me semblait discriminatoire d'exclure un enfant en raison d'un des symptômes de son handicap, il m'a répondu « il fallait y penser avant ».

Il fallait y penser avant quoi ? D'avoir un enfant différent ? D'avoir un enfant tout court ? Je me suis sentie insultée. En bref, il nous ordonnait de faire en sorte que Louis rentre dans les clous, faute de quoi il serait expulsé, peu en importaient les conséquences.

J'étais sous le choc. Effarée qu'un homme dont le métier était la petite enfance puisse être aussi intolérant et malveillant, sans aucune empathie pour Louis et pour notre famille.

C'était brutal. Louis n'avait plus droit à l'erreur. Le moindre incident et c'était la porte.

Nous avons pris nos dispositions et Louis n'allait plus en garderie que lorsqu'il n'y avait pas d'autre alternative. Il n'y a pas eu d'autres incidents.

Nous en avons parlé au pédopsychiatre qui a modifié le traitement de Louis afin d'éviter ce qu'on appelle l'effet rebond.

L'effet rebond consiste en une réapparition brutale des symptômes du TDAH, en fin de journée, lorsque la médication cesse de faire effet. A ce moment précis, les symptômes sont momentanément plus importants qu'ils ne le sont habituellement sans médication, puis reviennent ensuite à leur niveau initial. Pendant cette période, l'enfant peut être particulièrement impulsif, irritable ou agité. Un ajustement de la médication permet de supprimer cet effet secondaire désagréable.

Pour Louis, l'ajustement a consisté à reculer légèrement l'heure de la prise de sa dose du déjeuner, afin de conserver l'effet un peu plus longtemps et éviter ainsi tout débordement avant qu'il ne soit revenu à la maison après sa journée d'école. Malheureusement, cela a créé une sorte de fenêtre en toute fin de matinée, pendant laquelle l'effet du médicament était plus faible.

Il y a eu un incident pendant le temps de cantine, qui est, tout comme la garderie, sous la responsabilité des services périscolaires.

Nous avons rétabli l'ancien horaire, puisque finalement Louis n'allait presque plus à la garderie. L'important était que tout se passe bien pendant le temps scolaire.

Et il y a eu un nouvel incident, en fin de journée, un jour où la classe avait été assurée par un remplaçant.

Ces deux crises avaient pour point de départ des situations similaires :

Louis était face à des adultes qui lui ont fait une remarque que Louis a perçue comme injuste ou agressive, et c'est parti ! Il se bute, l'adulte insiste, veut le faire plier, le contraindre physiquement. Dans ce contexte, Louis se sent piégé et panique, perd pied, crie, dit des gros mots, se débat. Il suffit d'un temps mort pour désamorcer la crise, mais ces adultes l'ignoraient ou n'ont pas voulu s'en souvenir. Ces crises, violentes et impressionnantes, qui n'avaient jamais pris ces proportions auparavant, ont débouché sur une convocation en équipe éducative.

La maîtresse de Louis, qui le comprenait bien et qui affirmait ne jamais avoir eu de problèmes avec lui, était très surprise, preuve que lorsqu'on prend Louis avec calme et douceur (comme cela devrait de toutes manières toujours être le cas avec n'importe quel enfant), cela fonctionne. Selon elle, Louis était un atout pour la classe : si tous ses élèves étaient comme lui, ça aurait été parfait.

12

L'équipe éducative a eu lieu au printemps. C'était un jeudi, l'avant-dernier jour avant les vacances de Pâques. Officiellement, il y était question de trouver des solutions pour aider Louis à trouver sa place en collectivité.

Des solutions, il y en avait, et lorsqu'elles étaient appliquées, comme le faisait la maîtresse de Louis, tout se passait bien.

Le responsable communal des services périscolaires était présent, ainsi que la médecin scolaire, l'infirmière scolaire, la directrice de l'école et la maîtresse de Louis.

Dès les premières minutes, j'ai eu le sentiment que nous n'étions pas là pour trouver des solutions ensemble, mais que nous avions été convoqués pour que l'on nous annonce et nous impose les solutions qu'ils avaient déjà décidées en amont.

Le directeur des périscolaires tenait des propos culpabilisants, nous parlait de Louis comme d'un fou-furieux. La médecin scolaire, que j'avais déjà sollicitée et qui avait été professionnelle et de bon conseil lors de nos précédents entretiens, a ce jour-là changé son fusil d'épaule. Elle acquiesçait à chaque intervention du directeur des périscolaires, nous faisant comprendre que Louis devrait être en établissement spécialisé, qu'il était dangereux et complètement inadapté à l'école « normale ».

Nous n'avons pas trouvé de solution miracle, si ce n'est la proposition de constituer un dossier de demande d'aide auprès de la MDPH (Maison Départementale pour les Personnes Handicapées).

Je suis sortie sonnée. Quelques minutes plus tard, alors que j'étais encore sur la route, j'ai reçu un appel du directeur des périscolaires, que je venais à peine de quitter, qui souhaitait que l'on se rencontre pour discuter de Louis. Je lui ai répondu que j'étais très surprise de son appel et de sa demande, puisque c'était, me semblait-il, ce que nous venions tout juste de faire… Il a insisté, au prétexte que la réunion dont nous sortions était du fait de d'Education Nationale et qu'il voulait nous voir uniquement par rapport aux services périscolaires. Nous avons convenu de nous voir le mardi suivant.

Cette convocation a été sans surprise : il n'était bien entendu pas question de discuter de solutions. Face à un Directeur qui ne cachait pas sa satisfaction et à deux huiles de la Communauté de Commune, ses supérieurs hiérarchiques, nous avons été informés officiellement que Louis était définitivement exclu de la garderie du soir. Il pouvait continuer à fréquenter la garderie du matin et la cantine sous réserve qu'il n'y aie plus d'autres incidents.

Il n'y en a pas eu pendant les deux mois qu'il lui restait à faire en élémentaire. L'année suivante c'était l'entrée au collège : plus de garderie, et la cantine est directement gérée par l'établissement.

J'ai ressenti comme un soulagement la perspective de ne plus avoir besoin d'être en contact avec cet homme qui avait pris Louis en grippe et usé de son petit pouvoir pour faire tout le mal qu'il lui était possible de faire.

Tout du moins c'était ce que je croyais, car il a fait tellement pire…

13

« Difficultés à se concentrer, agitation, troubles alimentaires, troubles du sommeil, automutilation... sont certaines des caractéristiques du comportement d'un enfant autiste, TDAH ou avec un trouble dys. Ce sont également des signes pouvant laisser croire à des carences éducatives ou de la maltraitance. »

« Distinguer maltraitance et trouble neuro-développemental » - Délégation interministérielle à la stratégie nationale pour l'autisme au sein des troubles neuro-développementaux.

"Très souvent, les parents d'enfants autistes ou TDAH font l'objet d'une information préoccupante ou d'un signalement abusif aux services sociaux. Cela est dû à une incompréhension des problématiques

liées à l'autisme par l'école ou un professionnel, qui suspectent une maltraitance."

– Les recours pour signalement abusifs

Quelques jours plus tard, nous avons reçu une lettre terrifiante. Un coup de massue dévastateur, juste au moment où je me disais que tout s'arrangeait…

La lettre émanait des services de protection de l'enfance et nous informait de l'ouverture d'une enquête suite à un signalement de possible maltraitance parentale sur Louis. Nous étions convoqués un mois plus tard. Il allait falloir justifier que nous étions de « bons » parents.

Dans cette lettre il n'était pas fait mention de qui avait fait le signalement, mais nous avons su, le jour du rendez-vous, qu'il émanait du directeur des services périscolaires. Il avait alerté les services sociaux au lendemain de l'équipe éducative, probablement conforté par la médecin scolaire. Il n'a même pas eu la décence de nous en informer lors de notre rendez-vous suivant, quelques jours plus tard.

J'étais terrifiée. J'en ai perdu le sommeil et l'appétit. Des scénarios tous plus horribles les uns que les autres se télescopaient dans ma tête. Mon mari, quant à lui, était plutôt confiant et serein : nous n'avions rien à nous reprocher, faisions de notre mieux pour aider Louis et ils ne pourraient que le constater. Je n'arrivais pas à me rassurer. Et si, comme le directeur des périscolaires, ils ne comprenaient pas ? Et s'ils ne connaissaient pas le TDAH et ses manifestations ? J'ai lu des histoires atroces d'enfants placés en famille d'accueil parce que leur comportement était attribué à une maltraitance, alors qu'ils découlaient d'un trouble. Et si ça arrivait pour Louis ? Avec nous à la maison, c'était le seul endroit ou il était à peu près calme, où il se sentait bien. Ils lui enlèveraient ça aussi ? Et moi je n'y survivrais pas…

Nous avons eu de la chance. Nous sommes tombés sur des personnes correctement informées sur le trouble de Louis, qui nous ont écoutés, qui ont vérifié que Louis était suivi médicalement. Ils sont venus à la maison. Ils ont interrogé sa grande sœur. Et ils nous ont finalement dit de continuer à faire ce que nous faisions déjà, c'est-à-dire tout ce qu'on pouvait pour aider Louis à se sentir bien.

Quelques temps après, nous avons reçu une nouvelle lettre, qui nous informait que l'enquête était close.

Mais même s'il a été évident pour eux qu'il n'y avait aucune maltraitance de notre part envers Louis, cet épisode a été très éprouvant. Nous avons été soupçonnés. C'était profondément humiliant, surtout qu'étant enseignante moi-même, j'ai la bénédiction du Service Public pour m'occuper des enfants des autres, et il fallait que je justifie que je savais m'occuper du mien ! Absurde... Et cela a également altéré ma spontanéité envers mon fils. Je me sentais scrutée, surveillée. Je me demandais souvent si ce que je faisais était bien, ce qu'ils en auraient pensé... Même après avoir été mis hors de cause, ce sentiment a perduré quelques temps.

J'ai pensé à déposer plainte contre le directeur des périscolaires, mais j'en ai abandonné l'idée. C'est un Monsieur qui a une « position sociale » dans notre petit coin rural, et c'était notre parole contre la sienne. Et il suffisait qu'il dise qu'il était réellement inquiet pour Louis quand il avait fait le signalement pour être dans son bon droit. Quand on alerte les services sociaux, on fait part d'un soupçon, on n'a pas besoin de preuves. Ce sont eux, ensuite, qui vérifient.

En tout cas, il nous a fait beaucoup de mal.

14

Louis est entré en sixième, dans son collège de secteur. L'équipe était prévenue en amont, l'infirmière scolaire étant la même que dans son école élémentaire. J'avais présenté Louis lors de l'inscription, donné quelques indications sur ce qu'il fallait faire (et surtout ne pas faire) si Louis « montait dans les tours ». Ils ont eu l'air de comprendre. Je pense qu'ils s'attendaient à ce que Louis ressemble, dans son comportement tout du moins, à sa grande sœur qui venait justement de quitter ce collège pour le lycée. Hannah a beaucoup souffert de ses années collège, où elle était entrée alors qu'elle avait à peine neuf ans, ayant sauté deux classes. Il y a eu des moqueries, du harcèlement, des humiliations, et surtout une absence de prise en compte de ses spécificités. Malgré tout cela, elle est toujours restée discrète et silencieuse. Elle ne dérangeait pas.

Louis était plutôt enthousiaste et nous étions confiants. Toute cette nouveauté allait lui occuper l'esprit, l'environnement de l'année précédente avec le personnel toxique de la garderie était maintenant sorti de l'équation.

Entre temps, nous avions reçu une notification de refus pour l'aide que nous avions demandée à la MDPH, avec pour motif le fait qu'il s'agissait d'une aide scolaire et que Louis n'ayant pas de retard scolaire ou de difficultés d'apprentissage, cette aide était sans objet. Le fait qu'il soit socialement handicapé et que cet état de fait influe directement sur son confort à l'école et sa capacité à ne pas prendre de retard n'entrait pas en ligne de compte. Il allait falloir faire sans.

Le jour de la rentrée, la directrice est venue lui demander son nom alors qu'il déjeunait à la cantine. Quand il lui a répondu elle a dit « toi, je t'ai à l'œil ». Il était déjà étiqueté comme potentiel problème… et le potentiel s'est rapidement révélé.

Une frustration, une incompréhension puis une volonté des adultes de le mater, de le faire plier, obéir par la force, la menace ou la punition. Tous les ingrédients étaient réunis pour que le collège soit un échec.

A la première crise, qui aurait parfaitement pu être évitée si on l'avait laissé retrouver seul son calme, il a écopé de quelques heures de retenue. La fois suivante ça a été une exclusion de deux jours. La fois suivante trois jours et ainsi de suite jusqu'à la fin de l'année. En tout, si l'on cumule les jours d'exclusion (dont le maximum a été de huit jours consécutifs), Louis a été exclu trois mois pendant l'année scolaire. Sa sixième s'est déroulée en pointillés.

A chaque fois que je venais chercher Louis en catastrophe après un nouvel incident, la directrice me disait qu'ils « n'étaient pas formés, ne savaient pas faire avec des enfants comme Louis ». J'avais beau dire que l'exclusion n'était pas pertinente et surtout pas éducative, elle me répondait, souvent par l'intermédiaire de la CPE d'ailleurs, que c'était la seule réponse qu'ils avaient au comportement de Louis, même s'ils voyaient bien que cela ne le dissuadait pas de continuer à être comme il était. J'ai bien compris qu'ils le considéraient comme un fou dangereux et que l'exclusion leur donnait quelques jours de paix pendant lesquels ils avaient le sentiment d'être dans leur bon droit, d'écarter une potentielle menace pour tous les autres élèves de l'établissement.

La directrice m'avait dit une fois qu'ils avaient dû, s'y mettre à cinq adultes pour parvenir à le maîtriser. Il était revenu avec des marques rouges sur les bras. Elle m'avait dit qu'ils avaient été obligés de le traîner au sol pour le faire sortir de la classe. Louis s'était buté, pour une raison dont je ne me souviens pas, et ils avaient voulu l'exclure de cours, de peur qu'il ne s'énerve et ne devienne dangereux pour ses camarades. A ce moment là tout ce qu'il voulait c'était rester en classe… Et on s'étonne ensuite qu'il pique des crises et se débatte quand on le traite avec une telle violence !

Je précise encore une fois que Louis, dans un environnement calme et bienveillant, est lui-même posé et pas du tout agressif. Toutes les crises qui ont pu avoir lieu au sein du collège ont toujours été provoquées par une attitude inadéquate des adultes.

Au printemps, nous avons été convoqués en réunion d'équipe éducative.

15

J'étais face à ce qui ressemblait plus à un jury qu'une équipe à l'écoute. Etaient présents la directrice, la CPE, une représentante des enseignants, deux délégués des élèves, une déléguée des parents d'élèves, l'infirmière scolaire et la médecin scolaire, la même qui avait déjà participé à l'équipe éducative précédente en élémentaire.

La directrice a ouvert le débat par un cavalier « on va expédier ça vite fait, j'ai beaucoup d'autres choses plus intéressantes et agréables à faire ». Finalement, cette réunion durera deux heures et demie.

La directrice a lu à haute voix les rapports d'incidents dans lesquels Louis avait été impliqué. C'était très factuel, abrupt, et odieusement à charge : « il a crié », « il s'est débattu », « il a insulté », « il a essayé de se sauver », « il a jeté son cahier » … autant de situations que j'imaginais aisément. Frustré, en panique, avec le sentiment d'être piégé, Louis ne parvenait pas à rester calme.

Ils s'étaient déjà tous fait leur opinion. J'ai tenté de leur rappeler qu'il n'était qu'un enfant souffrant de TDAH et que leur attitude exacerbait ses difficultés de comportement. J'avais apporté de la documentation sur le TDAH. La médecin scolaire a dit d'un air entendu qu'elle était spécialiste du TDAH, qu'elle en connaissait bien ses manifestations et que Louis avait forcément « autre chose », que le TDAH ne donnait pas ces symptômes. Devant tous ceux qui étaient présents à cette réunion, elle a affirmé que de son point de vue Louis était juste un enfant tyran et que nous ne le punissions pas assez !

C'était donc à Louis de s'adapter au collège, et pas l'inverse. « Il comprend bien, il est loin d'être bête, alors il faut qu'il fasse des efforts ! » Mais il en fait déjà tellement, des efforts… Et puis son intelligence, si vive soit-elle, n'a rien à voir avec ça ! Ce n'est pas parce qu'on comprend quelque chose et qu'on en saisit les conséquences si on échoue que l'on est capable de faire cette chose.

Louis, visiblement, comprenait très bien ce qu'on attendait de lui, mais en était totalement incapable.

Il était culpabilisé de son inattention en classe, parce qu'il risquait de voir ses résultats baisser, mais cela ne les dérangeait pas de l'exclure régulièrement. Il était montré du doigt comme quelqu'un de violent et colérique mais personne ne se souciait d'essayer de comprendre ce qui provoquait ses débordements.

C'est là tout le problème du handicap invisible : tout a l'air « normal », rien, en apparence, ne justifie le comportement différent, inadéquat ou dérangeant. Alors on punit. On essaie de faire rentrer dans le moule, par tous les moyens. Si on tape suffisamment fort, ça finira bien par fonctionner…

Une amie suédoise m'a dit récemment que les français fonctionnaient, de son point de vue, selon un modèle punitif. Dans les pays nordiques, le système scolaire, bien que très imparfait, est tout de même beaucoup plus à l'écoute des besoins des enfants et ouvert à la différence.

Ici ça prend tout son sens. Action, punition. Encore, toujours. Quoi qu'il arrive. Et ça restera vrai tout au long de la vie : en France, on se comporte de la façon attendue non pas parce qu'on est convaincu que c'est la bonne façon, mais parce qu'on veut éviter la punition qui ne manquerait pas de tomber si on s'écarte du droit chemin. On obéit à son patron parce que c'est le patron et qu'on tient à son job, pas forcément parce qu'il a de bonnes idées. On respecte la limitation de vitesse quand on passe devant un radar et on accélère juste derrière.

Et on arrête de demander de l'aide, même si c'est légitime, quand les conséquences en sont plus lourdes que la raison pour laquelle on demandait de l'aide.

Au dernier trimestre de l'année scolaire, Louis n'est presque plus allé en classe. Dès qu'il revenait après une exclusion, un nouvel incident survenait, qui motivait une nouvelle exclusion.

Nous avons été convoqués à la gendarmerie, des parents ayant porté plainte contre Louis pour avoir tiré les cheveux de leur fille. La gendarme et l'avocate commise d'office étaient d'accord sur le fait que cette plainte ne rimait à rien et il n'y a pas eu de suite. Ceci dit, il a quand même fallu expliquer, justifier le contexte et cela m'a douloureusement rappelé l'épisode de l'information préoccupante initiée par le directeur des services périscolaires.

Malgré toutes ces absences, il a été admis dans la classe supérieure. Nous avons demandé une dérogation exceptionnelle pour le changer de collège, avec la bénédiction de la proviseure qui était bien contente de se débarrasser du problème.

16

Louis était enthousiaste. Cette nouvelle année allait bien se passer. Nous avons rencontré ensemble, avant l'été, la CPE, la directrice et plusieurs professeurs. Je connaissais déjà certains d'entre eux pour avoir travaillé dans cet établissement quelques années auparavant, et j'étais rassurée sur le fait qu'ils étaient bien plus ouverts que n'avait pu être l'équipe de son collège de secteur.

Ce nouveau collège était un établissement beaucoup plus grand, qui disposait entre autres de plusieurs classes pour élèves avec de lourdes difficultés scolaires ou en situation de handicap. Louis ne relevait bien entendu pas de ce type de classe, puisque ses résultats étaient tout à fait bons, mais c'était pour nous le gage qu'ils sauraient plus facilement prendre en compte les difficultés sociales de

Louis, puisqu'ils avaient déjà en charge des profils d'élèves très divers dont certains avaient aussi de sérieux problèmes de comportement.

Le début de l'année a été serein. Louis, ne se sentant plus scruté, surveillé de près comme il avait pu l'être l'année précédente, s'est un peu détendu.

Il était toujours suivi par le pédopsychiatre qui le voyait une fois par mois pour lui renouveler sa prescription de Ritaline. Ce suivi n'était clairement pas suffisant, mais nous étions sur liste d'attente pour d'autres prises en charge. Le pédopsychiatre du Centre Médico Psychologique avait inscrit dans le dossier informatique de Louis qu'il pourrait être bénéfique de l'insérer dans un groupe de parole pour adolescents avec trouble du comportement, mais ce groupe était complet jusqu'à nouvel ordre.

Il y a bien eu quelques petits incidents, Louis étant ce qu'il est, mais rien de comparable à ce à quoi nous avions été habitués dans l'autre collège.

Et puis… C'est arrivé.

Le 6 décembre, j'ai reçu un appel du collège. J'ai dû abandonner ma classe en pleine journée pour aller récupérer Louis de toute urgence.

A mon arrivée, j'ai été reçue par la CPE et la proviseure adjointe, avec Louis qui avait été mis au calme en m'attendant.

L'incident a eu lieu pendant le cours de mathématiques, qui n'était pas assuré par son enseignant habituel, mais par une de ses collègues, qui avait très peu d'heures de cours avec Louis et n'avait visiblement pas été informée de ses particularités.

Au début du cours, Louis s'est installé seul à une table double. Un camarade de classe est venu s'assoir à la place libre à côté de lui. Cet élève étant comme Louis déjà « remarqué » pour son comportement perturbateur, l'enseignante leur a demandé de se séparer sur le champ. L'élève s'est déplacé et Louis est resté à sa place mais il a été blessé par cette remarque qu'il a perçue comme injuste. En effet, il n'a jamais été assis à côté de ce camarade : la demande de l'enseignante était préventive et il a eu le sentiment qu'on ne lui laissait même pas une chance de montrer que ça pouvait bien se passer.

Louis s'est donc renfermé sur lui-même, aux prises avec ses émotions. Dans ces moments-là, il n'est plus en capacité de discuter ou d'argumenter. Le mieux est d'attendre qu'il se calme intérieurement et soit à nouveau disponible, ce qui ne dure jamais longtemps si on évite de le solliciter. L'enseignante ne l'a visiblement pas compris et lui a demandé plusieurs fois de façon insistante de sortir ses affaires. Il n'a pas répondu (il n'en était pas capable à ce moment), ce qu'elle a probablement interprété comme un refus ou une provocation. Elle lui a donc demandé de sortir, l'excluant du cours.

Louis s'est levé brutalement et dans un geste de colère a lancé son sac de classe en direction de la porte. Malheureusement l'enseignante a eu le réflexe de s'interposer et elle a tendu le bras, attrapant au vol le sac qui a heurté son bras. Elle a eu un geste brutal pour rediriger le sac sur Louis qui était arrivé à sa hauteur et l'a cogné avec, ce à quoi Louis a réagi par des insultes plutôt fleuries.

Il a ensuite quitté la classe pour être intercepté par l'équipe de vie scolaire, qui m'a immédiatement appelée pour que je vienne le chercher.

Pour moi, il était évident que l'attitude de cette enseignante n'avait pas été adéquate, que si elle avait laissé Louis sans le solliciter pendant quelques minutes à ce moment-là, rien ne serait arrivé. Louis a fait une grosse crise de colère et frustration, et je comprends parfaitement que cela puisse être impressionnant et déstabilisant quand on ne s'y attend pas, mais cette crise aurait complètement pu être évitée.

Cette crise n'était pas pire que les autres, mais elle a eu de très sérieuses conséquences.

17

J'ai donc récupéré mon fils en milieu d'après midi et la directrice du collège nous a demandé de le garder à la maison en « mesure conservatoire » jusqu'au conseil de discipline qui a été fixé au 5 janvier, au retour des vacances de Noël. Elle m'a également informée que l'enseignante portait plainte contre Louis pour violence.

Nous ne le savions pas encore, mais ce 6 décembre a été le dernier jour que Louis a passé dans une classe de collège.

Conseil de discipline ? Violence ? Plainte ?

Ce n'était pas possible. On ne parlait pas du même enfant. Louis n'est pas un délinquant. C'est juste un jeune garçon qui fait beaucoup d'efforts pour compenser son handicap, et qui y réussit tellement bien qu'on finit par l'oublier ou même à ne plus y croire, à son handicap. Et quand il se manifeste, quand il craque et qu'il est lui-même, ce petit garçon qui ne supporte pas l'injustice, on lui dit que c'est mal.

Bien évidemment, je ne suis pas d'accord avec le fait de jeter des objets ou d'insulter les gens. Ce sont des choses qu'on de doit pas faire, et qu'on ne doit pas accepter qu'on nous fasse.

Louis sait tout ça. Nous le lui avons appris, comme nous l'avons appris à son frère et ses sœurs. Ses crises sont d'un autre registre, ce n'est pas un enfant *mal élevé*.

La directrice du collège m'a dit qu'il n'y avait que deux issues possibles au conseil de discipline : l'exclusion définitive avec ou sans sursis. S'il y avait sursis, c'était la porte au premier incident. En d'autres termes, si Louis continuait d'être Louis, il n'était plus le bienvenu au collège.

Les vacances de Noël sont passées. Il n'y a pas eu de rentrée pour Louis, le lundi, comme pour tous ses camarades de classe. Le jeudi, à huit heures trente, nous étions convoqués pour le conseil de discipline.

C'était une grande salle de réunion, tous les participants étaient déjà installés. La directrice a exposé les faits, j'ai réexpliqué les difficultés de Louis, d'autres participants se sont exprimés. Quant à Louis, il est resté mutique, cachant son visage sous ses cheveux longs.

On nous a fait sortir pour la délibération, et un jeune enseignant, son professeur d'histoire il me semble, nous a escorté jusqu'à la sortie. J'étais surprise, ayant déjà assisté à des conseils de discipline en tant qu'enseignante : le résultat des délibérations était donné immédiatement, l'attente se faisait dans le couloir et l'élève était rappelé dès que la décision était prise… mais le jeune prof m'a assuré qu'on aurait les résultats plus tard, au téléphone, et qu'il était temps de quitter le collège.

Nous sommes sortis et avons pris la voiture pour rentrer à la maison. Quelques minutes plus tard, la directrice adjointe m'a appelée, pestant après le jeune prof qui n'avait pas compris, nous demandant de faire demi-tour pour entendre la décision du conseil...

Exclusion définitive et immédiate.

Pas de sursis. Pas de solution alternative. Légalement, le collège est censé nous trouver un autre établissement d'accueil, mais il n'y en a pas qui nous soit accessible. Trop loin, pas de transports scolaires. Et quand bien même, il est évident que le collège, pour Louis, ça ne fonctionne pas.

L'école pour tous, bienveillante et inclusive... Quelle arnaque ! On fait quoi maintenant ?

18

Nous avons inscrit Louis au CNED, pour qu'il puisse continuer sa scolarité à la maison. Il travaille quelques heures par semaine avec moi. Seul, il n'étudie pas. J'ai pris un congé de présence parentale, je ne travaille plus que trois jours par semaine pour être disponible pour Louis. Mon mari a négocié quelques demi-journées en télétravail. On va le soutenir, on va l'aider. Il est intelligent, il comprend vite. C'est juste la méthode d'enseignement classique qui ne lui convient pas. Il a toutes les capacités pour suivre une scolarité ordinaire.

Cette deuxième partie de l'année scolaire le verra apaisé. Il ne prend plus de méthylphénidate, il ne prend plus rien. Il décide de son rythme. Tant qu'il se sent bien, on lui fiche la paix, tant pis s'il dort le jour et vit la nuit, tant pis s'il a faim à d'autres heures que celles dcs repas. Ce ne sont que des conventions définies par une norme qui n'est pas la sienne.

On dit que le méthylphénidate peut ralentir la croissance. Louis n'a jamais été bien grand mais depuis qu'il n'en prend plus il est passé en quelques semaines du petit garçon à l'adolescent. Il a poussé d'un coup, brutalement, pris douze centimètres, quelques kilos et trois pointures. Il faut lui refaire une garde-robe complète.

En mars, nous avons dû une nouvelle fois nous rendre à la gendarmerie suite à la plainte que son enseignante avait déposée. Cette fois-ci, il a fallu trouver nous-mêmes un avocat, dont la présence était obligatoire à l'audition puisque Louis est mineur. Une heure de présence nous a coûté un tiers de mon salaire mensuel, sans que notre assurance accepte d'en prendre une quelconque partie en charge puisque d'après eux, la présence de l'avocat n'était pas obligatoire et que surtout Louis était *l'accusé* et pas le plaignant.

Comme la fois précédente, la plainte a été classée sans objet. Perte de temps et d'argent, stress inutile.

Il finira l'année avec un bon quinze sur vingt de moyenne générale, une voix grave et un soulagement évident. Louis est admis en classe de quatrième, et nous le réinscrivons au CNED pour l'année suivante. Cette *solution d'urgence* est visiblement amenée à durer, tant que nous n'aurons pas réussi à mettre un nom sur ce qui rend Louis différent. En France, pas d'étiquette, pas de service ! D'ailleurs, même avec un diagnostic tamponné, je ne vois pas trop ce qu'on pourrait lui proposer. Rien ne semble adapté à son profil.

Ses anciens camarades de classe l'oublient, loin des yeux loin du cœur. Il n'a plus de copains de son âge, sauf Fanny. Fanny est un peu hors norme, pas comme Louis mais pas vraiment dans les clous. Ils s'entendent bien, se parlent souvent au téléphone, se voient de temps en temps.

19

Faute de place dans les centres de dé-pistage et de diagnostic, les délais d'attente se comptent en année pour arriver parfois à un diagnostic vers l'âge de 6 ans. Les connaissances des professionnels de santé et les forma-tions ne sont pas toujours actualisées. On imagine ainsi aisément le désarroi des parents seuls face au handicap et aux troubles du comportement de leur enfant, sans diagnostic posé et qui doi-vent faire cependant des choix pour l'aider et améliorer son quotidien.

L'autisme – Fondation Perce-Neige

Maintenant qu'on a trouvé un rythme plus serein, qu'on n'est plus obligé de réagir dans l'urgence à un n-ième inci-dent, on reprend tout depuis le début. Comme pour le TDAH, j'avais jusqu'à présent une représentation très incomplète de l'autisme, mais mes récentes lectures et recherches me font penser qu'il serait peut-être judicieux d'explorer cette possibilité, d'autant plus que ma fille aînée vient d'être diagnostiquée autiste, à l'âge adulte et qu'il y a probablement une part de génétique dans l'origine de ce trouble.

J'en parle à notre pédopsychiatre, qui me rit littéralement au nez : « n'importe quoi, votre fils n'est pas autiste ! Il parle bien, il vous regarde dans les yeux, il ne se tape pas la tête contre les murs ! Ce n'est pas possible ! »

J'ai compris que ce n'est pas par lui que j'obtiendrai de l'aide. D'ailleurs, puisque Louis n'a plus besoin d'ordonnances pour le méthylphénidate, nous ne prenons pas de nouveau rendez-vous.

Je contacte le Centre de Ressources Autisme (CRA) de mon département et j'expose mes doutes à la gentille dame que j'ai en ligne. Elle me répond que oui, il y a effectivement matière à s'interroger, et qu'elle va m'envoyer un questionnaire à compléter. Elle me dit aussi que le pédopsy que je consulte est connu de leurs services pour être passablement mal formé et incompétent en matière d'autisme, pour finir par m'annoncer qu'à partir du moment où j'aurai renvoyé le questionnaire il y a environ deux ans d'attente pour obtenir un diagnostic.

Deux ans ! On ne peut pas attendre deux ans !

La France est tellement en retard dans la prise en charge des enfants différents que nous songeons très sérieusement à nous installer en Suède, persuadés que Louis y sera bien mieux accueilli qu'ici. Les scandinaves ont depuis longtemps une longueur d'avance sur nous en matière de bien-être à l'école. Nous connaissons bien ce pays pour y passer tous nos étés – j'y ai mes racines – et sommes prêts à abandonner la France pour que Louis puisse obtenir l'aide dont il a besoin.

Il nous paraît toutefois évident que la prise en charge sera plus facile avec un vrai diagnostic posé, quel qu'il soit, et que ce diagnostic doit être fait en France, avant notre départ, et surtout avant deux ans !

Tant pis pour le CRA donc, je prends rendez-vous avec un psychiatre spécialisé dans l'autisme, qui m'a été chaudement recommandé par une ancienne collègue dont le fils ressemble sur bien des points à Louis, et qui a obtenu par son intermédiaire un diagnostic de syndrome d'Asperger. D'ailleurs, on ne doit plus parler d'Asperger en matière d'autisme, mais de Trouble du Spectre Autistique (TSA) plus ou moins sévère. Asperger était un psychiatre nazi qui triait les enfants en fonction de leur capacité à s'intégrer. Les autistes *de haut niveau* avaient une chance, tandis que ceux qui présentaient un déficit intellectuel étaient tout simplement supprimés…

20

Au printemps 2023, Louis a enfin passé les tests de dépistage de l'autisme, auprès d'une neuropsychologue spécialisée que le psychiatre nous a indiquée. J'ai d'abord répondu à de nombreuses questions très précises sur sa petite enfance, puis Louis a été vu en consultation.

Je me souviens d'une question en particulier : « est-ce que Louis a une fascination particulière pour les jeux de lumière, de couleurs ? » J'ai répondu que non. Pourtant, la neuropsy m'a fait remarquer qu'il avait regardé à travers la fenêtre en clignant d'un œil puis de l'autre, à plusieurs reprises pendant la consultation. C'est une recherche sensorielle, typique de l'autisme.

En découvrant toutes ces questions – est-ce qu'il fait ci, ou ça, ou quelque chose d'approchant ? – j'ai compris à quel point de nombreux signes étaient présents depuis toujours. C'est juste que nous ne savions pas les interpréter.

Le bilan qu'elle nous a fourni ensuite était sans suspense.

Douze pages d'analyses, de commentaires, d'explications, d'antécédents et une conclusion attendue : le test confirme le trouble du spectre de l'autisme avec des difficultés, à ce jour, élevées.

Louis est autiste.

Louis a presque treize ans.

Louis est handicapé.

Enfin, nous savons. C'est une bonne nouvelle.

21

Louis est autiste et il a fallu treize ans de combat pour enfin avoir un diagnostic.

Louis est autiste et nous avons été soupçonnés d'être des parents maltraitants.

Louis est autiste et certains ont dit qu'il était méchant et violent.

Louis est autiste et l'école inclusive l'a exclu.

Louis est autiste et la bienveillance des institutions a ses limites.

Louis est autiste est on m'a dit que c'était un enfant tyran que je ne punissais pas assez.

Louis est autiste et on m'a dit que c'était moi qui n'allais pas bien.

Louis est autiste et on m'a dit qu'il fallait y penser avant.

Louis est autiste mais comme il est intelligent, il n'a pas besoin d'aide à l'école.

Louis est autiste… et finalement, il va bien.

22

2 ans

Aujourd'hui, Loulou a :

- farfouillé dans sa couche pleine avec ses doigts,
- étalé tous les livres de la bibliothèque dans l'entrée,
- retourné intégralement le salon,
- escaladé un meuble pour attraper une bouteille d'encre et la vider sur le fauteuil en velours (RIP le fauteuil)
- vidé un tube de dentifrice dans le lit,
- caché du pain sec dans la machine à laver,
- caché un batteur à manivelle dans le sèche-linge,

- refusé de faire la sieste,
- escaladé la machine à laver pour attraper un flacon de bain de bouche qu'il a vidé sur mes magasines, en le goûtant au passage, pour finalement cracher partout dans le salon,
- passé la matinée à essayer de se sauver pour « aller à l'école » avec un bonnet de bain sur la tête,
- déplacé des chaises pour grimper dessus et vider avec ses mains des pâtes à la béchamel qui étaient dans le four pour ce soir (froid heureusement).
- Je dois forcément en oublier.

Normal, quoi.

Là, j'en ai ras la casquette !

3 ans

Aujourd'hui Loulou a :

- pissé par terre trois fois,
- fait caca par terre une fois,
- fait caca dans sa culotte une fois,
- nettoyé les tomettes de l'entrée avec du cirage,
- nettoyé le cirage avec du spray nasal,
- démonté le canapé,
- déplacé 7 fois tous les meubles du salon,
- cassé le couvercle de la cocotte minute,
- déplacé la télé et mis le bazar dans tous les fils qui sont derrière,
- dessiné au bic sur le meuble télé,
- dessiné au bic sur lui-même,
- renversé trois verres,
- cassé un verre,

- dévasté l'étagère à bibelots (à 1m60 du sol),
- est monté debout sur la table 11 fois,
- mis le micro onde en route 3 fois (vide),
- mis du fromage râpé dans ses chaussures,
- nettoyé les chaussures avec du spray nasal,
- s'est servi tout seul dans le frigo,
- etc.

Je craque. Parce que c'est une journée "normale". Ni plus ni moins que d'habitude.

* * *

Il y a quelques jours, Louis avait fait une bêtise et je m'étais fâchée.

- Maman, t'es méchante.

Intervention du papa faussement condescendant :

– Elle ne te plaît plus ta maman, tu veux changer ? Tu en veux une nouvelle ?

Réponse de Louis :

Non, je l'ai pas encore finie, celle-là.

* * *

– La grande soeur : Je suis indestructible !
– Louis : Je suis intresduc...
– La grande soeur: Je suis indestructible !
– Louis : Je suis indrestictu...
– La grande soeur: Je suis indestructible !
– Louis : Moi aussi !

4 ans

Loulou s'amuse avec un garçon de son âge au parc :

- Moi Maman : Tu le connais ? Il est dans ton école ?
- Loulou : Non, il n'est pas dans mon école, mais je le connais.
- Moi : Alors comment tu le connais ?
- Loulou : Il m'a dit son prénom, alors maintenant je le connais.

* * *

On arrive avec Louis dans un espace de jeux. Le Monsieur à l'accueil lui explique : on enlève les chaussures, on garde les chaussettes, et les balles restent dans la piscine à balles.

- Loulou : "Je m'appelle Louis, j'ai quatre ans et demi !"
- Le Monsieur : Ah t'es rigolo, toi, tu te présentes, c'est pas commun...
- Loulou : Oui, parce que si on discute, tu vas me demander "et comment tu t'appelles", "et t'as quel âge"... Alors, comme ça, c'est fait.

(Parce que moi je veux juste aller jouer, hein, alors tu vas pas me tenir le crachoir !)

5 ans

"A l'école, j'ai embrassé Manon sur la bouche. Et j'ai eu une étoile dans l'œil. Tu sais Maman, une vraie étoile qui venait de l'espace, mais qui faisait pas mal, elle était toute molle comme une couverture qui me fait du bien. C'était une vraie étoile qui brille, mais pas une boule de feu, elle brûlait pas. Alors quand j'ai fini d'embrasser Manon, je l'ai mise dans ma poche. Mon étoile elle est invisible, il n'y a que moi qui peut la voir. Et je la ressors de ma poche et je la mets dans mon œil à chaque fois que je vois Manon."

* * *

— Moi, je veux jamais passer à la télé.
— Ah bon, et pourquoi donc ?

– Parce que sinon je vais devenir riche.

– Et ce n'est pas bien, d'être riche ?

– Non, parce que j'aurai trop d'argent qui va dépasser de mes poches et ça va tomber par terre. Et tous mes amis ils vont me suivre pour ramasser les sous qui tombent par terre, et Manon aussi. Et Manon, elle va tout le temps vouloir jouer avec ses nouveaux jouets qu'elle va acheter avec les sous que j'ai fait tomber, et elle n'aura plus le temps d'être amoureuse de moi.

– Tu as une idée de ce que tu voudrais faire quand tu seras grand ?

– Aller dans l'espace... Euh, non, finalement j'ai pas envie d'aller dans l'espace.

– D'accord. Mais pourquoi ?

– Parce que si je veux aller sur une planète et que je ne la trouve pas, ça fait trop de chemin pour rien.

* * *

Louis a été particulièrement pénible dans le magasin, à courir partout, se sauver, toucher à tout. Juste en sortant il demande :

- On va chercher MacDo ?
- Pour ça, mon bonhomme, il va falloir te racheter...
- Pas besoin de me racheter, je ne me suis pas perdu !
- La grande soeur : j'aimerais bien refaire un tour dans l'Espace (la Renault)
- Louis : t'as pas besoin t'es déjà dans l'espace. On est sur la terre et la terre est dans l'espace.

*   *   *

Hier en sortant de la garderie, mon Loulou (5 ans) a voulu faire un bisou à son copain (4 ans) pour lui dire au revoir. Intervention de la maman :

- Non, vous n'allez pas vous faire un bisou, vous êtes des garçons, serrez-vous la main.

– Petit flottement incrédule chez Lou-lou, puis il lui a secoué la main tellement fort que le copain s'est mis à pleurer.

* * *

Louis se promène pieds nus.

Papa demande : "Elles sont où tes cla-quettes ?"

Et là il se met à gesticuler, tapant ses pieds nus par terre, mimant un numéro de claquettes.

Fou rire.

6 ans

Louis "bricole" une chaise.

– Qu'est-ce que tu fais ?
– J'ai des réglages à faire sur mon portail de téléportation.
– Ah, et quel genre de réglage ?
– La dernière fois j'ai voulu aller à Paris et j'ai atterri dans une bouteille de jus de pamplemousse. Donc y a quelque chose qui va pas.

Bon.

*   *   *

– Louis, c'est quoi ton plus beau souvenir ?
– Je sais plus. J'ai oublié. Tu sais maman dans ma tête il y a plusieurs cerveaux. Le cerveau intelligent, le

bête, le content... et le cerveau méchant il prend mes beaux souvenirs
et il les met à la poubelle. Alors
après je ne m'en rappelle plus.

— Ah c'est embêtant ça. Et ce cerveau
méchant, il peut te rendre méchant ?

— Non. Je suis protégé par le cerveau
intelligent. Le cerveau méchant est
mais il ne peut pas prendre le con-
trôle.

— D'accord, mais pour les souvenirs
c'est embêtant quand même.

— T'inquiète pas. Le cerveau bête il
fait plein d'efforts et il lui tend des
pièges. Comme ça je sauve plein de
souvenirs quand même !

(Louis, pas tout seul dans sa tête)

*   *   *

Sa grande soeur cherche le nom d'un
acteur et s'agace : "ah ça m'énerve je

l'ai sur le bout de la langue mais j'arrive pas à me rappeler son nom !!"

« Et... Ça a quel goût ? »

– Regarde, Louis, c'est la super lune ! Ce soir elle est beaucoup plus grosse !
– Pffff, elle est pas plus grosse, elle est juste plus près.

*   *   *

« L'autre nuit j'arrivais pas à dormir alors je suis monté vous voir. Vous ronfliez si fort que papa on aurait dit maman, et maman on aurait dit papa. »

*   *   *

Un bafouillage, et *câlin* et *pardon* sont devenus "cardon". Je demande à Loulou ce que ça peut bien vouloir dire.

Sa réponse : « un petit poisson alsacien ? »

9 ans

– Quand je serai grand, peut être que j'aurai un enfant.
– Ah, et tu l'imagine comment cet enfant ?
– Super chiant.
– Ben pourquoi super chiant ?
– Parce qu'il sera comme moi !
– Bon... Et ce serait un garçon ou une fille ?
– Je m'en fous. Du moment qu'il est chiant.

11 ans

On est en train de regarder le film "Shining". Louis :

– Vous avez remarqué, dans les films d'horreur, il y a toujours un noir super gentil, et c'est toujours lui qui meurt en premier. Moi un jour, j'écrirai "la fabuleuse histoire du noir qui a survécu à un film d'horreur".

Table des matières

1 5
2 15
3 23
4 43
5 49
6 53
7 61
8 63
9 69
10 73
11 77
12 83
13 87
14 93
15 99
16 105
17 111
18 115
19 119
20 125
21 127
22 129
Table des matières 145

© 2024 Laure Malaprade
Édition : BoD - Books on Demand, info@bod.fr
Impression : BoD - Books on Demand, In de
Tarpen 42, Norderstedt (Allemagne)
Impression à la demande
ISBN : 978-2-3225-2005-3
Dépôt légal : Janvier 2024